創造的リーダーシップ

B. ミラー
J. ヴィハー
R. ファイアスティン 著

ファシリテーションの極意をつかめ！

弓野憲一 監訳
西浦和樹
佐藤 健 訳

北大路書房

FACILITATION : A Door to Creative Leadership
by
Blair Miller, Jonathan Vehar, & Roger Firestien
Copyright © 2001 by B. Miller, J. Vehar, & R. Firestien.

Japanese translation published by arrangement with Blair Miller & Associates LLC
through The English Agency (Japan) Ltd.

訳者まえがき

ファシリテーションとは

　この本の原題は "*Facilitation：A door to creative leadership*" である。ファシリテーションとは何だろう。ファシリテーションを辞書で引くと，「促進すること」とか「助長すること」とかいう意味が載っている。いったい誰が何を促進したり，助長したりするのであろう？　もとよりファシリテーターがクライアントの問題解決を促進したり，助長したりするのである。

　ファシリテーターがクライアントの問題解決を促進したり，助長したりすると聞くと，ついつい，ファシリテーターがクライアントの問題解決に積極的にかかわり，有効な解決策を提示し，クライアントはそれを用いて問題を解決するというイメージが出てくる。しかし，この本を読み進めればわかるように，そのようなイメージは当たっていない。ファシリテーターはあくまで，問題解決のセッションとプロセスを制御する仕事に専念し，問題解決への有効なアイデアや解決方法を提示する役割は演じない。それらの役割を担うのは，「資源集団」と「クライアント」自身である。

　本書の姉妹版である『創造的問題解決』には，さまざまなアイデアを生成してそれらを整理する中で「本質的な問題」を掴み取り，さらにその問題を解決するために各種の「発散ツール」を活用して多量のアイデアを出し，その中から現実に即したよりよい解決策を「収束ツール」を用いて決定し実行に移すという一連の「創造的問題解決」の方法がまとめられている。当然のことながら，この創造的問題解決のセッションとプロセスを制御して，よりよい解決に到るように導いていくのがファシリテーターであり，ファシリテーターの演ずる役割がファシリテーション，すなわち創造的リーダーシップである。創造的リーダーシップは，クライアント自身の問題解決力を伸張するという教育的側面も含んでいる。

新教育基本法と創造的リーダーシップ

　教育基本法が60年ぶりに改訂された。もとより，教育基本法は，日本のこれからの教育の方向を示したものである。旧基本法とは異なり，教育の諸目標が

明確に打ち出されている。その1つが「個性と創造性の育成」である。基本法の精神は学習指導要領に反映され，それを基に教科書が作られる。個性と創造性の育成は，学校教育の重要な目標の1つになったのである。

　教室において，教師はどのようにして児童・生徒の個性や創造性を伸ばせばいいのであろうか。その目標に迫る1つの手がかりが，創造的問題解決と創造的リーダーシップにある。教師が創造的問題解決ツールを熟知し，児童・生徒の問題解決に対して創造的リーダーシップをもって臨めば，自主・自立の精神に満ち満ちた高い問題解決力を持った児童・生徒が育つであろう。

　この本の内容は，大学生や社会人などのすでに一定以上の知識やスキルや問題解決力を付けた人向けに書かれている。未だそれらが発展途上にある児童・生徒を対象とする場合には，工夫が必要になる。多くの教師が教科や総合的学習等において実践を深め，試行錯誤を重ねる中で高い創造的問題解決力をもった児童・生徒を育成することを望んでいる。

　本書は，3人の翻訳者が手分けして翻訳し，弓野が訳語や表現の統一を図った。しかし，誤訳や不完全な箇所が残されている可能性がある。読者の指摘をお願いしたい。

　最後に，本書の出版の機会を与えて下さった北大路書房代表の関一明氏に心より感謝致します。

2007年5月5日

訳者一同

原著版の序

親愛なる創造的リーダーへ

あなたの個人的およびプロとしての人生に深い意味を与え，さらに様々な応用を可能にする，楽しくて対話式の学習経験に参加する準備をしよう。あなたはこのファシリテーター訓練コースにおいて，ビジネスや人生に驚くほど実際的で戦略的に有効であるスキルとツールそれに情報を手に入れて，出ていくことができるだろう。

著者たちが創造的問題解決（CPS）ファシリテーションの研究を始めた時点では，われわれだけではこの本は完成できなかったということ憶えておいて欲しい。実際のところ，この本はたくさんの巨人の業績に立脚している。すなわち，今日われわれがCPSファシリテーションとして知っているものに到達するために，50年以上にわたり創造的問題解決や創造的リーダーシップの困難な研究を支えた学問的な研究者，企業マネージャー，創造的天才がいたのである。

> ファシリテーションは1つの目的地ではなく，旅である。今日のあなたは，昨日あったよりも優れたファシリテーターになっている。しかし，それは明日期待されるそれの半分にも達していない。
> （Bill Shephard）

CPSのパイオニアであるアレックス・オズボーン（Alex Osborn），シド・パーンズ（Sid Parnes），ルース・ノラー（Ruth Noller），スコット・アイザクセン（Scott Isaksen），ドン・トレフィンジャー（Don Treffinger），ビル・シェパードとダイアン・ホーカ-ゾッキー（Bill Shephard & Diane Foucar-Szocki）の努力に敬意を表しつつ，われわれが手探りしながら歩く道は，創造的リーダーシップへの新たに舗装された道となる。あなたが創造的リーダーシップ技法を遂行されるときに，ファシリテーションは，それを工夫すればするほど深遠なスキルとなることが分かるだろう。それは会議にも使えるし，全体的な企業文化を変えることも出来る。初心者においてでさえ，CPSファシリテーションは，あなたの組織の創造性，革新，チーム独創力を促進するのを助けるだろう。

あなたはこの本（マニュアル）全体にわたって，名句が散りばめられ，リーダーシップ，創造性，インスピレーションならびにファシリテーションへの洞察

が満ち満ちていることを発見するでしょう。加えて，技法を完全にするべく真摯に働いている現代のファシリテーターの叡智を見つけるでしょう。

発見の旅路にようこそ！

いい旅を

ブレア・ミラー
ジョナサン・ヴィハー
ロジャー・ファイアスティン

もくじ

訳者まえがき　*i*
原著版の序　*iii*
コースについて　*viii*
コース目標　*ix*

I章　ファシリテーションの基本 ……………………………… 1
1. プロセス vs 内容　*2*
2. CPSセッションの役割　*4*
3. CPSファシリテーター　*5*
4. クライアント　*6*
5. 資源集団　*7*
6. CPSファシリテーターについての真実　*8*
7. CPSファシリテーションのタイプ　*9*
8. ファシリテーターのためのガイドライン　*10*

II章　セッションに向けた準備 ……………………………… 11
1. クライアントと会議する　*12*
2. 会議中は…　*13*
3. データを収集する　*14*
4. CPSは適切か　*16*
5. CPS診断を実施する　*17*
   ▶クライアント・インタビュー・ワークシート　*18*
6. クライアントを指導する　*19*
7. フリップチャートを準備する　*20*
8. 準備用品と後方業務　*23*
   ▶CPSファリシテーター用フィードバック書式　*25*

Ⅲ章　セッションのファシリテーション ………………………… 27

1．セッションを開始する　28
　▶協同作業のための提案　29
2．セッションをジャンプスタートさせる　30
3．ウォーミングアップエクササイズ　31
4．創造的に質問する　32
5．待ち時間　33
6．セッションを閉じる　34
　▶フォローアップ計画の項目例　35
7．集団発達のステージ　36
8．チームの効用　37
9．集団サイズ　38

Ⅳ章　CPSプロセスの利用 ………………………………………… 41

1．挑戦を探索せよ　43
　1-1　目標，願い，挑戦を同定せよ　44
　1-2　データを収集せよ　47
　1-3　問題を明確にせよ　50
2．アイデアを生成せよ　53
3．行動を準備せよ　57
　3-1　解決策を選択し，補強せよ　58
　3-2　行動計画を立てよ　60

Ⅴ章　上級者ファシリテーション ………………………………… 63

1．ファシリテーターに人気のある情報（FAST）　64
2．ヒーローとしてのファシリテーター　66
3．ファシリテーターの話術　71
4．資源集団を選択せよ　74
　▶CPSツールボックス：発散法　76
　▶CPSツールボックス：収束法　77
　▶ファシリテーター便利帳　78

付　録 ……………………………………………………………………… 81
　　0．CPS ファシリテーター自己評価票　82
　　1．クライアントへのインタビュー・ワークシート　86
　　2．ブレインライティング・ワークシート　87
　　3．アイデアボックス・ワークシート　88
　　4．視覚的鋭敏さを増す絵　89
　　5．視覚的結合・ワークシート　90
　　6．評価マトリックス法・ワークシート　91
　　7．最初にほめよ法・ワークシート　92
　　8．行動に対する準備・ワークシート　96
　　9．行動計画・ワークシート　97
　　10．ターゲット法・ワークシート　98
　　11．アイデアをつかめ　99
　　12．製品構想・ワークシート　100

参考図書　　101
参考資料　　102
引用文献　　103

原著者紹介　　105
訳者紹介　　107

謝　辞
著者らは，このマニュアルを創作するために欠くことのできない
下記の人々に心から感謝します。

　　リンダ・アバレロ（Linda L. Avarello）
　　デニス・カーター（Dennis Carter）
　　スー・エレン・コールマン（Sue Ellen Coleman）
　　ヘドリア・ランケン（Hedria P. Lunken）
　　ジェラード・プッチオ（Gerard J. Puccio）
　　ラッセル・ショーエン（Russell Schoen）
　　サラ・サーバー（Sarah B. Thurber）

〔コースについて〕

■事前準備

『創造的リーダーシップ：ファシリテーションの極意をつかめ！』へようこそ。これを使ったトレーニングに突入する前に，あなたが消化しておく必要のある２，３の概念を提示しよう。

■創造的問題解決

最初に以下に実際に通じておくこと。つまり，創造的問題解決（CPS）のプロセスと語彙。CPSトレーニングセッションに参加したことがあるなら，いいスタートがきれるだろう。全ての用語やツールが頭に鮮明に残っていなくても案ずることはない。道すがら，それらを想い出すためにチャート（図）や小資料（handout）を提示する。

■判断を遅延せよ

アイデアの上にこれ（重し）を落とすな

二番目に知っておく必要のあることは，もっと「行動的な」レベルのものである。それは創造的リーダーシップの基礎である判断の遅延に関する理論と実践である。アイデアに対して「正しい」「間違っている」「いいアイデアである」「良くないアイデアである」と直ちに判断する伝統的なマネージャーと異なり，ファシリテーターは，よりよいアイデアを誘発するように目標に向けて判断を遅延させるものである。

ファシリテーターはアイデアに対して「すごい！　その上に作ろう」「そのアイデアから他のものを考えつかないか」「そのアイデアに対して予想される障壁を克服するために，何ができるだろうか」と，出されたアイデアに反応する。遅延された判断は，あなたのアイデアを成長させ改善するために必要な息継ぎの余裕を与える。それは偉大なファシリテーター，すなわち創造的リーダーの基本的な行動である。

〔コース目標〕

■個人的ブレイクスルー（突破）

このコースは，他の人が問題を解いたり，課題を達成したりするのを援助できるようにあなたを訓練する。しかし，最大の恩恵を受けるのはあなたである。

あなたが研究するツールと概念は取り組みがいのあるものである。それらは実践と強い係わりを必要とする。あなたがより熟練したファシリテーターになるにつれて，人々に解決法を与えなくとも，彼ら自身で問題を解決する力を増強させることができるようになる。あなたの組織，クライアント，それにあなたにとって集団をブレイクスルーに導くことは，非常に報われる仕事である。

Vroooom..........

「あなたは限界があると思っていますね。
あなたがその限界に触ったとたん，何かが起きます。
突然あなたは少し前進します。
　あなたの心的な力，決定，本能それに経験等をもって，
あなたは非常に高く飛ぶことができるのです」

(Aryton Senna)
レースカー・ドライバー
ワールド・チャンピオン

■あなたが達成できること

・コミュニケーション・スキルの改善と拡大
・創造性とリーダーシップをつなぐリンクを検証
・集団マネージメント・スキルの実践
・効果的なプレゼンテーション・スキルの実践
・CPSファシリテーションに関する集団力学の意味の研究
・クライアントへのインタビュー方法の学習
・CPSセッションの促進とコーチングならびにフィードバックのやり方
・個人的またはプロとしての挑戦に対する行動計画の展開

I章　ファシリテーションの基本

「あなた自身が，ついて行く方法を知らない限り，リーダーになることも，自分についてくるように相手に求めることもできない」

(Sam Rayburn)

創造的問題解決（CPS）について興味深い事柄は，それがほとんど全てのタイプの問題を解決する助けとなるということである。それは売り上げを伸ばすことから結婚生活を改善することまで，また使命文を書くことからそれを実行することまでを助けるのである。

CPS がそのような多岐にわたる問題に対して有効であるのは，答えを与えるのではなく，答えに行き着く確実な方法を与えるからである。CPS の用語を用いて言えば，CPS が扱うのは「プロセス」であり「内容」ではない，ということになる。問題を確実に，堅実に解決するためには，プロセスと内容は両方とも大変重要なものである。

> ファシリテーションにおいて…
> **プロセス**＝行動や出来事の系列のこと（たとえば，どのようにある物事を片づけるか）
> **内容**＝ある出来事に関する事実や情報や決定のこと（たとえば，片づけられるもの）

▎プロセス vs 内容

1　プロセス vs 内容
「どのように」と「何なのか」の違い

　巷にあふれた信念に反して、「プロセス vs 内容」は、あなたが創造的になる権利を「白か黒か」の二分法で保障する最高裁判所の判例とは異なっている。プロセスと内容は互いに異なる範疇にあるものだが、それらは創造的問題解決に関わるあらゆるものをカバーしているのである。プロセスとは、「どのように」問題を解決するのかだと考え、内容とは、問題は「何なのか」であると考えなさい。

プロセスとは

　プロセスには、セッションを円滑に行うために用いられるあらゆる手続き、ツール、技術が含まれている。プロセスはファシリテーターが扱う領域である。優れたファシリテーターは、クライアントの要求が満たされるように集団を導くためにプロセスを利用する。ファシリテーターは、常に「プロセス」についての決定を行っている。例えば、「この集団にはブレインストーミングを利用すべきか」、「どの意見表明スターターが適切か」、「収束的思考をさせるために、この集団にはどのテクニックを利用するべきか」、「我々が望ましい結果に行き着くための最良の方法は何か」、「我々はどのように会議を終わらせるべきか」といったものである。

内容とは

　内容とは、素材のことを指している。すなわち問題の周りにある全ての事実、数字、そしてデータのことである。セッションの間、クライアントと資源集団は、これら内容に関わる素材を基に、クライアントのために多くの意見を考え出すべく発散的思考を行う。そしてクライアントはそれらの多くの意見を幾つかに絞り込むために収束的思考を行うのである。クライアントは内容を「所有」

している。すなわち，以下のような内容主導の決断をクライアントは行うことができるのである。「我々は十分なアイデアを持っているのか」，「我々はそのアイデアにもっと磨きをかける必要があるのか」，「会議において次にどのような要求が出てくるのか」といった決断である。

2つのバランスを際だたせる

　プロセスと内容の相互作用は，ファシリテーターによってリードされるダンスのようなものである。ファシリテーターはプロセスを管理することによって，クライアントが目標を達成できるという確信をもって，集団が内容のあらゆる側面を探求することを許すのである。セッションに由来する優れたアイデアは内容の範疇に属する。しかしそれらはプロセスをうまく利用したことによって出現したのである。

2　CPSセッションの役割

プロセスから内容を分離する

> 「ファシリテーターが思い出す必要のある2つの最も重要な事柄は，内容の外に居ながら，同時にプロセスの中に留まることである」
> （Hedria Lunken）

CPSセッションには，内容とプロセスの両方の貢献度を最大限にするために，内容を確保しプロセスを明確に区別するという特に計画された幾つかの役割がある。

ファシリテーター

ファシリテーターは，「プロセス熟練者」である。すなわち，集団のプロセスを監視し，正しい方向へ導く責任を持つ人物（あるいは集団）である。ファシリテーターは，クライアントの意見，考えを基にCPSプロセスについての決断を行うのである。

クライアント

クライアントは，個人であれ集団であれ，内容（すなわち探索される課題）の主たる所有者（オーナー）である。クライアントは資源集団と背景情報を共有し，アイデアを生成し，そしてその課題に取り組む上で一番よいアイデアを選択する責任がある。

資源集団

資源集団は，アイデア，エネルギー，洞察そして斬新な視点をCPSセッションに提供することによって，クライアントを支える。

プロセスアシスタント

アシスタント・ファシリテーターはセッションの間，メインのファシリテーターが集団に集中できるように後方業務や仕事を管理する手助けをする。

「意見表明スターター：どのように…するか」を使って，「よりよいネズミ捕りを作る」というCPSセッションを実施した場合，その成果はあなたのクライアントが家主なのかそれともネズミなのかで違ってくる。

3 CPSファシリテーター

プロセス熟練者

　ファシリテーターは，問題解決のプロセスを管理し，監視する。
　ファシリテーターは「プロセス熟練者」である。

さらに，ファシリテーターは…
・支援的な環境を作り上げる。
・他のメンバーに興味を持っている。
・自信があり，かつ柔軟な発想を持っている。
・肯定的で，かつ客観的な態度をとり続ける。

「優れた」CPSファシリテーターが行うことは…
・柔軟性のあるプロセスの計画を立てる。
・プロセス熟練者として行動する。
・プロセスのガイドとして仕える。
・内容に口出しをしない。
・CPSの役割とガイドラインを強化し，参加を促す。

「優れた」ファシリテーターが行わないことは…
・進展を単純に記録するのではない。
・内容エキスパートを装わない。
・集団リーダーとして仕えない。
・主たる意思決定者として行動しない。
・受動的に役割を引き受けない。

「ファシリテーターは，隅にいるガイドでありなさい。決して表舞台に立つ賢人になってはいけません」
　　　　　　　　　（Ruth Noller）

4 クライアント
挑戦の「オーナー」

ファシリテーターとして,「あなたのクライアントの要望に耳を傾けなさい。そしてその要求に応えるためにプロセスを利用しなさい」
(Gerard Puccio)

クライアントは,方向性を決める。
クライアントは,意思決定の権限を持つ。
クライアントは,背景情報を提供する。
クライアントは,問題を解決することに全力を尽くす。

さらに,クライアントは…
・心が広く,柔軟な発想の持ち主である。
・アイデア発想や思考することに寄与する。
・CPS セッションの進展を確認するためにフィードバックを与える。
・前向きな見通しを持っている。
・集団にとってためになる傾聴ならびに判断遅延の模範になる。

「優れた」クライアントが行うことは…
・他の人の意見を尊重する。
・内容に集中する。
・挑戦を所有する。
・正直であり,率直な回答をする。
・十分に情報を持ち,準備してセッションに向かう。

「優れた」クライアントが行わないことは…
・「何でも知っている」ふりをしない。
・プロセス熟練者として行動しない。
・代表者としての行動のみをしない。
・隠された意図を基にして動かない。
・クライアントが望む両面価値に固執しない。

5　資源集団
アイデアの原動力

資源集団は，様々なアイデアや視点を提供する。資源集団はクライアントの問題に関心があり，クライアントの目標に向けて共同作業する。

「資源集団のメンバーであり続けると疲れる。彼らに時々休憩を与えなさい。資源集団を過度に働かせることは，多くの国において今でも重罪である」　　　　（Jonathan Vehar）

さらに，資源集団は…
・活力と熱意を与える。
・一連のアイデアの創出に寄与する。
・他の人のアイデアの上に立つ。
・役割を理解し，適切に行動する。

「優れた」資源集団が行うことは…
・独自な背景や視点を提供する。
・CPS を熱心に学び，利用する。
・クライアントの目標のために全力で取り組む。
・多くのアイデアや選択肢を提供する。

「優れた」資源集団が行わないことは…
・他の人と同質であろうとしない。
・CPS への興味を欠かさない。
・クライアントの心配事を無視しない。
・内容に関するエキスパートである必要はない。

6　CPSファシリテーターについての真実

「ファシリテーションはどちらかというとアドリブ術に似ている。優れたファシリテーターは安全で心地よい雰囲気を創り出し，計画性と自発性，規則と自由の間でうまくバランスが取れているという幻想を創り出す。偉大なファシリテーターは，高所の線上でバランスを取ってそれら全てを行うことが出来るのである」
(Donna Luther)

フィクション

ファシリテーターが行うことについて，次のような多くの誤解がある

- フリップチャート秘書として行動する。
- 意見を別の言葉に置き換える。
- 内容に関わることによって，問題を解決する。
- 議論をリードする。
- 集団を動機づける。
- スケープゴートとして仕える。
- 管理的なサポートを申し出る。
- 問題を所有する。

真実

しかし，実際のところ，CPSファシリテーターは

- プロセスを管理する。
- 内的および外的にプロセスを理解している。
- 内容に口出ししない。
- 結果に対して透明性を維持する。
- クライアントに対して責任を負う。
- クライアントの要求が満たされることを確約する。
- 集団が軌道を外れないようにする。
- 後方業務が首尾よく行われていることを確認する。

7 CPSファシリテーションのタイプ

　通常，ファシリテーターはクライアントおよび資源集団と一緒に働く。しかし，一人のクライアントに対して，あるいは自分自身に対しても CPS プロセスのファシリテーションをすることが可能である。それぞれの状況に対しての指針を示そう。

集団に対してのファシリテーション
・理想的な資源集団の数は 5〜9 人である。
・ファシリテーターは，もっぱらプロセス管理者として行動し，資源集団とクライアントが内容に集中できるようにする。

> 「あなたの成功は集団の活動によって決まるのであって，成功に導いたあなたの役割を，メンバーがどのように認識しているかによっては決まらない。
> 　　　　　　（Diane Foucar-Szocki）

・ファシリテーターは，ツールや CPS プロセスを利用して集団を道案内する。

1人のクライアントに対するファシリテーション
・ファシリテーターの主な役割は，ここでも CPS プロセスを用いてクライアントを道案内することである。
・クライアントが行き詰った場合は，ファシリテーターはアイデアを提供することも，また内容に参加することも出来る。
・この状況でも，あなたのアイデアや意見を押しつけてはいけない。クライアントが必要なものを与えることに集中しなさい。

自分自身に対するファシリテーション
・あなた 1 人で行動している場合，3 つの役割を全てこなしなさい。すなわち，ファシリテーター，クライアント，そして資源集団のメンバーという役割である。
・プロセスと内容を頭の中で混同させないようにして，役割をそれぞれ交互にこなすようにしなさい。
・軌道をはずさないために，CPS プロセスの知識を活用しなさい。

8　ファシリテーターのためのガイドライン

内容に口を出してはいけない
　あなたのアイデアや意見を言うことは控えなさい。

彼らの言葉で書き留めよ
　クライアントや資源集団メンバーが言うことを一語一句書き留めるようにしなさい。もし長すぎて書き留められない場合は，彼らに自分の言ったことを要約した「(新聞記事のような) 見出し」を作ってもらうように頼みなさい。

軌道に留めるようにせよ
　クライアントや資源集団が先に進めるよう，プロセスの知識を利用しなさい。

クライアントのために配慮せよ
　クライアントが得るものは，自らが求めているものであって，あなたや集団が求めているものでは決してないことを確認しなさい。

注意を向けよ
　クライアントや資源集団の要求に注意を向けなさい。集団の発達やメンバー同士の関係に気を回しなさい。発展途中にあるあらゆる問題を解決する準備をしておきなさい。

進歩をほめよ
　クライアントと資源集団が，自分たちが達成したものを理解していることを確認しなさい。

クライアントが一番よく知っていることを覚えておけ
　あなた自身の意見や先入観をプロセスに取り込まないようにしなさい。どんなにあなたが正しいと思っていても，集団をリードしたり，コントロールしたりしてはいけません。クライアントが状況を一番理解しています。

II章　セッションに向けての準備

「念入りに計画を立てて，集団の要求に合わせようとするあなたの計画を捨て，クライアントの望む結果がでるように遂行しなさい」

(Blair Miller)

　真に偉大なファシリテーターが存在する。彼自身の役割に関してほとんど努力していないようでいながら，集団がびっくりするほどのブレイクスルー（突破）を実現するのを手助けするのである。プロフェッショナルである彼らは，水面下の泥を足で掻きながら，水面上を優雅に滑航する誰もが知っている「あひる」のようである。偉大なファシリテーターは常に考え常に準備する。事実，ファシリテーションの実際的な「仕事」の多くは，CPSセッションを始める前に開始される。水面下でいかにそれが起きるのかをみてみよう。

私の内なる所産（ファシリテーション）は，泥をかき優雅に滑航する「あひる」です。

1　クライアントと会議する

クライアントとの会議のためのガイド

ファシリテーターとクライアントのみで実施せよ

　クライアントとのインタビューに関わるのは，ファシリテーターとクライアントのみである。このことによって，機密事項を扱うような問題を議論する際のプライバシーと守秘義務が確保される。

クライアントが必要なものを理解せよ

　ファシリテーターは，クライアントが直面している特別な挑戦を理解するために，そしてCPSがその挑戦に取り組むのに適切な方法であるのを確認するために，この会議を利用するべきである。会議の最後には，ファシリテーターが以下のような質問に答えることができるようにするべきである。

　①その課題の周りにある重要なデータは何か。
　②その課題の意見表明は何か。
　③どのCPSの段階が，その挑戦を表明する上で適切な出発点となるのか。
　④セッションの際にどんなツールや技術が役に立つのか。
　⑤どんな後方業務が行われていなくてはならないのか。

　これらの質問に対する答えは，あなたが次回のCPSセッションを計画する上で助けとなる。

どこか落ち着けて秘密が漏れない場所を使用せよ

　クライアントとファシリテーター双方が不要な妨害を受けることなく，率直に，そして気楽に話せる限り，いかなる場所での会議でも問題はない。

自分に準備期間を与えよ

　クライアントとのインタビューの日程は，実際のファシリテーションの数日あるいは数週間前に，できるだけ前もって決めなさい。準備期間があればあるほど，ファシリテーターは要求を予測し，セッション対する準備をすることができるのである。

CPSは必ずうまくいくと確信せよ

　CPSが取組中の挑戦に対して適切であると確信することは，ファシリテーターの職務の1つである。さもなければ，そのプロジェクトを取り下げる覚悟をするか，別のアプローチを薦めなさい。（16ページを参照）

2　会議中は…
どのようにクライアントとのインタビューを行うか

　クライアントとのインタビューはCPSの最初の3段階を反映している。議論の間，ファシリテーターは以下のことができるよう，クライアントと協同作業すべきである。

目標，願い，挑戦を同定せよ

　クライアントの最初の関心，挑戦，あるいは目標についての情報を得なさい。あなたは以下のような末広がり質問をして議論を進めてもよい。例えば「なぜ私たちはここにいるのか」「あなたはどんなことを達成したいのか」である。それらの答えによって，あなたはクライアントと共にその挑戦に対する最初の意見表明を入念に作ることができるのである。

データを収集せよ

　課題の周辺にある事実や意見や問題を調査しなさい。その状況についての「誰が」「何を」「いつ」「どこで」「なぜ」やるかを尋ねなさい。以前何が試みられてきたかを知っておきなさい（質問の完全なリストのためには，18ページの「クライアントへのインタビュー・ワークシート」を参照）。そのクライアントに関する背景情報全てを再確認しなさい。そして資源集団と共有するための鍵となるデータを選びなさい。

問題を明確化せよ

　クライアントとのインタビューでは，CPSセッションの間にクライアントが取り組みたい挑戦を特定できるようにするために，「問題を明確化せよ」のツールを利用しなさい。その問題に対する最初の意見表明を入念に作るためにクライアントと協力しなさい（これらのことは，目標，願望，挑戦，問題や行動に対する意見表明となり得るのである）。

クライアントとのセッションの成果

今ここで、ファシリテーターは以下のものを持っているべきである。

☐ CPS セッションのワークシートを完成するための情報（18 ページ）。
☐ 資源集団に挑戦を紹介するフリップチャートに書き込むための情報（20-22 ページ）。
☐ 誰が資源集団になるかについてのアイデア。
☐ クライアントが CPS セッションの中でそれぞれの役割を理解するという確信（ファシリテーター、クライアント、資源集団のメンバー）。
☐ CPS セッションを確実に生起させるために必要な次のステップについてのクライアントとの合意。

3 データを収集する

事実はまだ浮遊している

いいデータは捕らえにくい。

特定のデータを発掘せよ

クライアントとのインタビューの間にデータを集める際は、具体的なデータを得られるように努力しなさい。強固で、事実に裏付けられたデータは、問題についての質の高い意見表明と革新的な解決法を見出すための跳躍台を、資源集団に与えてくれる。主観的な意見よりも客観的な指標を探し求めなさい。もしあなたが「これはどれくらいの期間問題となっているのか」と尋ね、クライアントが「長いこと」と答えるならば、調査をし続けなさい。「一体どれくらいの期間なのか言えますか。具体的にいつそれは始まったのですか」と尋ねなさい。あなたのうそ偽りのない興味と好奇心は、クライアントが詳細を開示するのを助けるでしょう。より価値あることは、データの明確さを求めることによって、クライアントはある問題について自らが知っていることと知らないことをはっきりと分けることができるように

なることである．効果的なクライアントへのインタビューは，重要な情報を引き出し，事実と意見を区別することを助ける．すなわちそれは全ての問題解決セッションへの大きな一歩となるのである．

具体的なデータを準備せよ

資源集団にデータを準備する際，それが詳細になるように努力し続けなさい．あなたのデータを「我々には十分なお金がない」とリストにあげる代わりに，「我々はこのプロジェクトを遂行するために2万ドルが必要だ」というように具体化しなさい．「我々はこのプロジェクトを完成させるのに十分な時間がない」と言う代わりに，「そのプロジェクトは5月1日が期限である」というように正確なものにしなさい．データの中にある漠然としたものを避けることによって，あなたは資源集団により多くのことを与え，素晴らしい解決法を思いつく確率を高めることができる．

データとアイデアとのつながりを利用せよ

CPSセッションの最初にクライアントが鍵になるデータを資源集団と共有する時，聞き手が考えを書き留め，関係性を見つけるように励ましなさい．彼らに適切な意見表明スターターを利用するようにさせなさい．例えば，もしセッションが「問題を明確化せよ」のステージから始まるのであれば，資源集団のメンバーは「いかにして…するか」「どのように可能なのか」「どのような観点で…するのか」あるいは「あらゆる…はどうなのか」というスターター使って，データを共有している間に，問題に関する意見表明を作り出すことができる．もしセッションが「アイデアを生成しなさい」のステージであれば，彼らは自分のアイデアをポストイットに書くことができる．

4 CPSは適切か

オーナーシップ，動機づけ，想像力を確認せよ

関連するデータを全て手に入れたら，手元にある挑戦に対してCPSが適切であることを確認するために少し時間を取りなさい。もしあなたが次の全ての質問に「はい」と答えることができるのであれば，おそらくCPSは適切である。

オーナーシップ

クライアントはこの挑戦に対して権限と説明責任を持っているだろうか。クライアントの上司，スタッフ，同僚や顧客と「問題を解決するのはクライアントの責任である」という同意があるだろうか。

オーナーシップを検証するための質問
- あなたはこの仕事について説明できますか。
- あなたはこの目標を達成することを進んで説明できますか。そしてもしそれができなかったとき，その結果に耐えられますか。
- これはあなたが解決すべき問題ですか。
- この問題に対する解決策の実行を，他の誰かがあなたに期待していますか。
- あなたはこの挑戦を制していますか。

動機づけ

この挑戦は迅速な対応が必要なのだろうか。クライアントは，この挑戦の表明に時間や資源を投資する価値があると考えているだろうか。

想像力

新しく考える必要はあるか。状況は，創造的で，独創的な解決法を必要としているか。

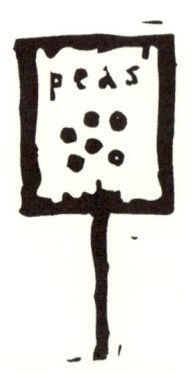  

クライアントの利害に関するものが，その中にあるか。

細部に焦点を当てた「オーナーシップ」の重要性は，Multiple Resource AssociatesのWilliam Shephard, Roger Firestien and Diane Foucar-Szockiによって最初に研究され，1983年にRoger Firestien and Donald Treffingerと Scott Isaksenによって出版された。

5　CPS診断を実施する
どこから始めるのかを決めよ

あなたのCPSセッションに関する「プロセス計画」創案の第1歩

一度クライアントと会い，CPSが適切であると決まったならば，あなたはCPSプロセスのうち，どこからセッションそのものを始めるべきかを決めなければならない。あなたを助けてくれる，以下の基本的な診断ツールを利用しなさい。

状況が不明確かつあいまいで，さらに
・もしあなたが全ての事実を把握しているとは限らないなら，
・明確な方向性がないのであれば，
⇨あなたのCPSセッションを「挑戦を探索せよ」から始めなさい。

はっきりと定義された問題がすでに存在してはいるが，
・はっきりとした解決策がないならば，
・様々なアイデアが必要ならば，
⇨あなたのCPSセッションを「アイデアを生成せよ」から始めなさい。

優れたアイデアが強化され，実働可能な解決法となっていて，さらに，
・承諾や支援を得ることが必要であれば，
・遂行のために，ある計画を発展させる必要があれば，
⇨あなたのCPSセッションを「行動を準備せよ」から始めなさい。

クライアントへのインタビュー・ワークシート

あなたのクライアントへのインタビューに基づいて，下記の情報を完成しなさい。必要な場合（特にデータ）には追加ページを付け加えてください。

クライアント：＿＿＿＿＿＿＿＿＿＿＿＿＿＿＿＿＿＿＿＿＿＿＿＿＿＿＿
日時：＿＿＿＿＿＿＿＿＿＿＿＿＿＿＿＿＿＿＿＿＿＿＿＿＿＿＿＿＿＿＿
関心領域（最初の目標，願い，挑戦）：「もし…であれば素晴らしいのに」，「だったらなぁ」

データ

その状況の簡潔な経緯はどんなものか。
その状況に関わっているのは誰か。
意思決定者は誰か。
どのようにこの挑戦を制しているか。
部分的な解決を望んでいるのは誰か。
もし問題が解決したら，誰が利益を得るか。
これまでどんな成功があったか。
あなたを助けてきたものはどんなものか。
あなたが直面してきた障害はどんなものか。
どこで助けや障害が発見されたか。

いつその状況は起きるのか，再発するか。
いつ行動を起こしたいか。
このことはどれほどの期間懸案事項だったか。
なぜそれがあなたにとって懸案事項なのか。
なぜこのことはあなたにとってチャンスなのか。
何がこれまでに考えられ，試みられたか。
この挑戦に対するあなたの主な感情は何か。
あなたの感情は行動にどう影響しているか。
何があなたの理想的な結果と目標か。
その他に何があるか。

最初の（諸）問題についての意見表明：「いかにして…するのか」，「どのように可能なのか」，「どのような観点で…するのか」，「あらゆる…はどうなのか」＿＿＿＿＿＿＿＿＿＿＿＿
＿＿＿＿＿＿＿＿＿＿＿＿＿＿＿＿＿＿＿＿＿＿＿＿＿＿＿＿＿＿＿＿＿＿＿＿
次セッションの目的と望まれる結果：＿＿＿＿＿＿＿＿＿＿＿＿＿＿＿＿＿＿
＿＿＿＿＿＿＿＿＿＿＿＿＿＿＿＿＿＿＿＿＿＿＿＿＿＿＿＿＿＿＿＿＿＿＿＿

セッション計画

CPS ステージ：＿＿＿＿＿＿＿＿＿＿＿＿＿＿＿＿＿＿＿＿＿＿＿＿＿＿＿
意見表明（スターターを伴う）：＿＿＿＿＿＿＿＿＿＿＿＿＿＿＿＿＿＿＿＿
最初のツール選択：＿＿＿＿＿＿＿＿＿＿＿＿＿＿＿＿＿＿＿＿＿＿＿＿＿＿
セッション日：＿＿＿＿＿＿＿＿＿＿＿＿＿＿＿＿＿＿＿＿＿＿＿＿＿＿＿＿
時間：＿＿＿＿＿＿＿＿＿＿＿＿＿から＿＿＿＿＿＿＿＿＿＿まで
場所：＿＿＿＿＿＿＿＿＿＿＿＿＿＿＿＿＿＿＿＿＿＿＿＿＿＿＿＿＿＿＿
手配が必要なもの：＿＿＿＿＿＿＿＿＿＿＿＿＿＿＿＿＿＿＿＿＿＿＿＿＿
資源集団メンバー：＿＿＿＿＿＿＿＿＿＿＿＿＿＿＿＿＿＿＿＿＿＿＿＿＿
誰がセッションを始めるのか：＿＿＿＿＿＿＿＿＿＿＿＿＿＿＿＿＿＿＿＿
どのように始めるのか：＿＿＿＿＿＿＿＿＿＿＿＿＿＿＿＿＿＿＿＿＿＿＿
一般的注意事項：＿＿＿＿＿＿＿＿＿＿＿＿＿＿＿＿＿＿＿＿＿＿＿＿＿

6 クライアントを指導する

どのようすればクライアントは素晴らしくなれるのか

　セッションの前に，ファシリテーターはクライアントを以下のように勇気づけることができる。

実働する準備をして臨むようにせよ
　解決のために本当に働く覚悟でやって来なさい（資源集団は懸命に努力するが，あなたの参加なしには問題を解決させることができない）。

寛大な気持ちで耳を傾けよ
　アイデアを未熟なまま判断しないこと。

新奇性を評価せよ
　進んで新しいアプローチに挑戦しなさい。

「その通り」とだけ言うようにせよ
　「その通りだ，そして‥‥」と言い，「その通りだ，しかし‥‥」とは言わない。

資源集団を支援せよ
　集団からセッションへの意見を低く評価してはいけない（例：「私はすでにそう考えていた」）。

ひどく興奮しないようにせよ
　あらゆることがうまくいかないならば，休みを取りなさい。

あなたが必要なものを求めよ
　資源集団とファシリテーターが必要なものを得ることを保証するのは，クライアントの責任である。

クライアントは率直な意見を申し出よ
　意見を申し出ることに精力的でありなさい。問題を力動的に扱うことに関して，ファシリテーターに正直でありなさい。重要な情報を出し渋ってはいけません。

問題を注意深く選べ
　成果を要するものに取り組んでいることを確かめなさい。

ファシリテーターにどんな変化でも伝えよ
　ファシリテーターに，心や方向性の小さな変化について知らせなさい。

楽しめ
　そして資源集団の熱心な働きに感謝することを忘れてはいけません。

7 フリップチャートを準備する

教示のためのツール

以下のページはCPSセッションの前にあなたが準備することのできる一連のフリップチャートである。21ページのチャートを完成させるためにCPSセッションのためのワークシートが必要となる。

チャート1　検討議題

セッションの最初に，集団と今日のハイライトを共有するために，上にあるようなフリップチャートを作りなさい。人々は，これから何をやるかの意味がつかめると感謝してくれる。

チャート2　CPSセッションの役割

CPSセッションの間，人々が果たすそれぞれ異なる役割について説明しなさい（定義については，4ページ参照）。この役割を前もって明確にすると，集団が内容とプロセスを区別でき，クライアントが最終的に意思決定するということを事前に思い出すことを可能にする。

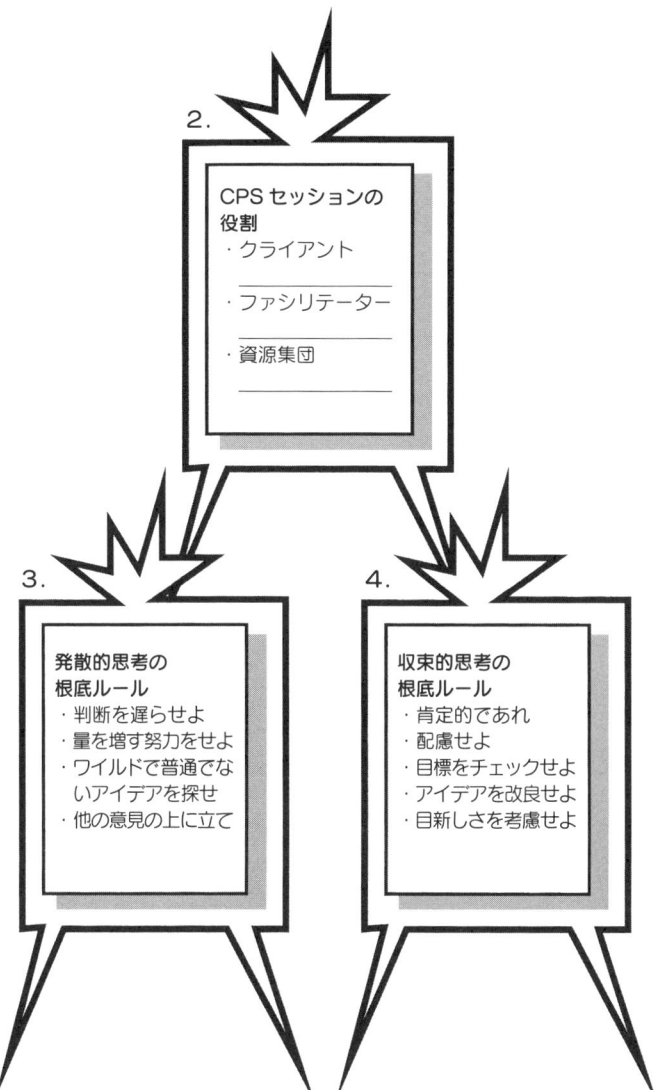

チャート3，4　根底ルール

　上のチャート3，4は一字一句コピーしてもよい。それらは発散的思考そして収束的思考のための実証済みの根底ルールである。

チャート5～7：（1つ選びなさい）　資源集団のためのクライアント概要

あなたのCPS診断に基づいて，このページにある3つのフリップチャートの内の1つを作りなさい。もしセッションが「問題を明確化せよ」から始まるのであれば，チャート5を作りなさい。もし「アイデアを生成せよ」から始まるのであれば，チャート6を使いなさい。もし「解決策を選択し補強せよ」から始まるのであれば，チャート7を使いなさい。

5.
目標，願望，挑戦についての意見表明（「…だったらなあ」，「もし…であれば素晴らしいのに」）

主要データ
・データ　・データ　・データ　・データ
・データ　・データ　・データ　・データ

6.
目標，願望，挑戦についての意見表明（「…だったらなあ」，「もし…であれば素晴らしいのに」）

主要データ
・データ　・データ　・データ　・データ
・データ　・データ　・データ　・データ

問題についての意見表明（「いかにして…するのか」，「どのような観点で…するのか」，「あらゆる…はどうなのか」）

7.
目標，願望，挑戦についての意見表明（「…だったらなあ」，「もし…であれば素晴らしいのに」）

主要データ
・データ　・データ　・データ　・データ
・データ　・データ　・データ　・データ

問題についての意見表明（「いかにして…するのか」，「どのような観点で…するのか」，「あらゆる…はどうなのか」）「私（われわれ）がしようとしていることは…である」

8　準備用品と後方業務

ファシリテーターの準備用品一式に対する提案
タイマー
集団ごとに1つのフリップチャート（スタンドとたくさんの紙と一緒に）
フリップチャートごとに1つの保護テープ
参加者ごとに7.5センチ×12.5センチのポストイット
色つきのマグネット片
色つきのマジック・マーカー
先が細いマーカー
ホワイトボードやOHPの上に書くためのマーカー
ペン／鉛筆
チョーク
クレヨン
延長コードとアダプター
部屋の前に2つのフリップチャート・スタンド・たくさんの紙
視覚的な結合を強調する指示用品

準備用品と部屋の設置

完成したフリップチャートをつるしておく場所
OHPとスクリーン（予備の電球）
CDまたはカセットプレーヤーと音楽素材
一番近いコピー機の場所の案内
一番近いトイレと非常口の場所の案内
飲料水

理想的な間取りを設定する

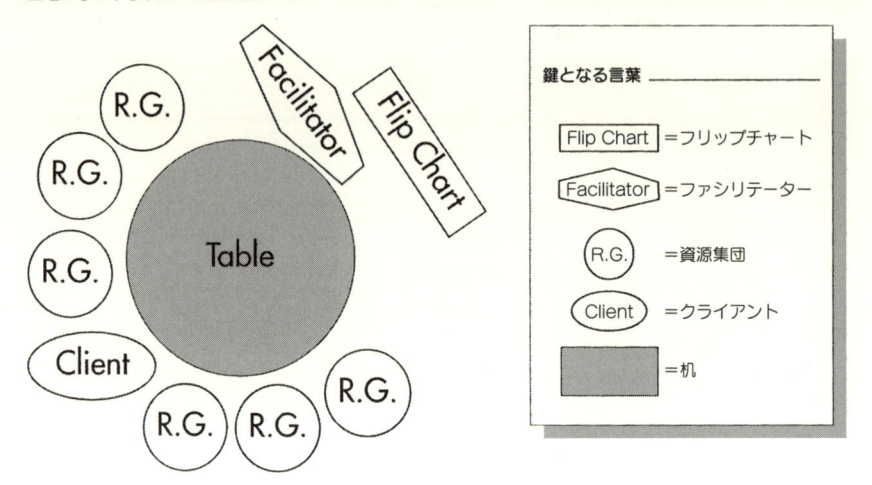

鍵となる言葉

- Flip Chart ＝フリップチャート
- Facilitator ＝ファシリテーター
- R.G. ＝資源集団
- Client ＝クライアント
- ▢ ＝机

他の設置例

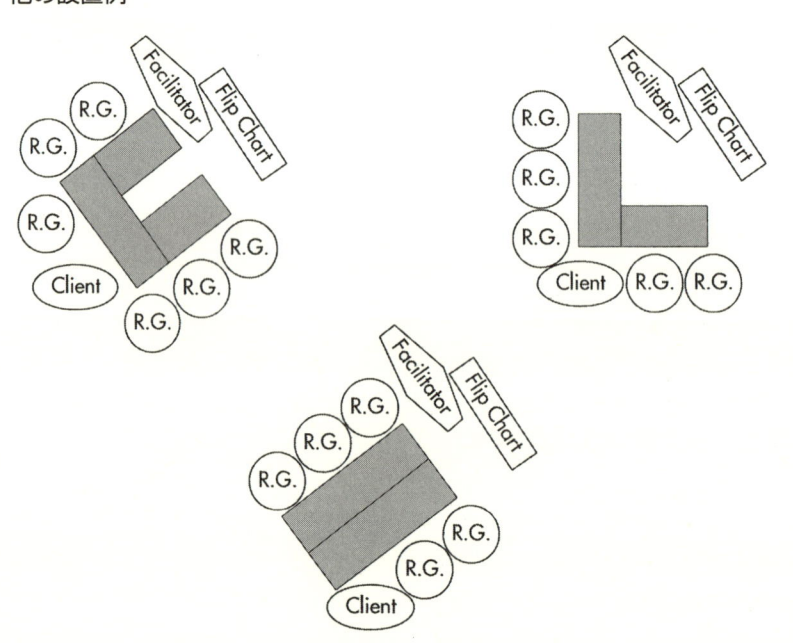

# CPS ファシリテーター用フィードバック書式

観察ガイド

　CPS セッションの間，あなたは訓練中のファシリテーターとして先導することになる。あなたの仕事ぶりを評価するために，トレーナーと資源集団はこの書式を用いる。彼らの注意点をざっと見てみよう。

	コーチ／トレーナーの観察	ファシリテーターの観察	クライアント／集団の観察
□**セッション準備** 　情報と後方業務が準備されたか □**導入時** 　セッションの焦点と目的が共有されたか □検討議題と CPS の役割とプロセスが説明されたか □ウォームアップ練習の先導：発散的思考と収束的思考のガイドラインが再確認されたか □**セッション中** 　定期的なクライアント・チェックがあったか □クライアントに方向性を決定させたか □適切な発散的・収束的思考ツールの選択：ツールを用いて集団を訓練したか 　使ったツールは： □ステージとステージの間をつながせたか □**終了時** 　次の段階を確定したか 　セッションを終わらせたか			

Ⅲ章　セッションのファシリテーション

人々がリーダーの存在をかろうじて知っているくらいであれ
　ば，リーダーは最も良い状態だ。
人々が彼に従いそして彼を歓迎する場合，良くない状態だ。
人々が彼をひどく嫌う場合，益々悪くなる。
しかし，口数の少ない優れたリーダーが，仕事を実行し，彼
　の目的を達成したとき，人々は次のように言う。
「我々はそれを自分たちで行ったのだ」
(Lao-Tsu)

「優れたファシリテーターは，集団を信頼する」
(Dee Young)

ファシリテーションの1つのモデル。これが全てではない。

1 セッションを開始する

快適さ・エチケット・守秘義務

人間的な快適さの保持

集団で再確認しなさい。
- セッションのスケジュール
- 休憩
- 休憩室の位置
- 元気回復物（コーヒー，水など）

　セッション中に個々人が責任をもって快適さを保持できるように参加者を元気づけなさい。

セッションのエチケット

　いくつかの根底ルールを確立しなさい。以下を集団に求めなさい。
- ファシリテーターや他集団のメンバーが集団に話しかけている間，傾聴することで，好意と敬意の念を示しなさい。
- クライアントの要求に注意を向けなさい。
- その集団と共有すべき考え方，コメント，感情を書き留めるために，小片紙を用意しなさい。そしてそれらを適宜利用しなさい。

守秘義務

重要なメモ
- 次のことを憶えておきなさい。これは現実のクライアントへの対処であり挑戦である。当然のことであるが，敬意を持ってそれにかかわりなさい。
- セッション中に自由に発言することになるので，以後慎重さが必要とされる。セッション中に共有される情報，アイデア，行動計画の全てに対して，守秘義務がある。

> 「傾聴は，判断が必要な瞬間に，どのツール，テクニック，プロセス体系を利用すればいいかの方向性をあなたに示してくれる」
> 　　　　　　　　(John Cabra)

協同作業のための提案

以下の提案は単純に思えるかもしれないが，厳密に適用すると，通常の集団に並外れた成果をもたらすのに役立つ。

友達のように振る舞え
お互いに敬意を払いなさい。サポートしなさい。他者が成功するように援助しなさい。

自分を表出せよ
参加者が進んで傾聴するように，心の内を話しなさい。

可能なものを探索せよ
障害となるものではなく，可能なものに焦点を当てなさい。

本気で学習せよ
好奇心を持ち，驚き，あなたの思考を導き出しなさい。

選んで挑戦せよ
自分自身の安全に対する責任を果たしなさい。プレッシャーを与えるのではなく，サポートすることで他者を勇気づけなさい。

謝意を表明し，価値を認めよ
他者の貢献に謝意を表明する時間を設け，他者の偉大さの価値を認めなさい。

寛容な心で傾聴せよ
自分自身の判断，確信，仮説を延期するようにしなさい。

コーチのように振舞え
フィードバックを受け入れ，自分の思考，意見，行動を進んで変えなさい。

楽しみを持て
自分自身を楽しみなさい。一所懸命に仕事はするが，過度にまじめになる必要はない。

2　セッションをジャンプスタートさせる
心をしなやかにすること

「集団の創造的行動に大きく影響することは，ファシリテーターとしてのあなたの行動である。あなたが集団に望むべきものを得るためのモデルとなりなさい」
　　　　　　　　(Roger Firestien)

　アスリートが身体トレーニングの前にストレッチする必要があるように，CPSの参加者はクライアントの問題に対処する前に発散的思考をストレッチする必要がある。集団のエネルギーレベルを上げるため，さらに集団によりよい成果を手ばやく挙げさせるために，発散的思考練習を用いて集団をしなやかにしなさい。そうすれば（損害が少なくて）早くいい結果が得られるでしょう。

ウォームアップ活動が集団を支援する
・ツールとテクニックを練習しなさい。
・発散的思考の根底ルールを学び，復習しなさい。
・協同作業することで，気持ちよくなりなさい。
・笑いと探索を奨励するような雰囲気を作りなさい。

「ばかげた」要因に打ち勝つこと
　ほとんどのウォームアップ練習は正直なところ「ばかげて」いる。それらは，目的に適った方向に向かうようにデザインされているので，主題は一般的なものであって，威嚇するようなものは含まれていない。（当然のことながら），提唱されるアイデアの多くは，常識に反しているか，実用的ではないように思えるだろう。ところが，集団が現実に「重要な」問題にアプローチする際には，それらは想像的な心的アイデアセットと成り得る。それゆえ，「ばかげた」要因について実施することを思いとどまる必要はない。もしあなたが抵抗を感じるなら，ウォームアップ練習の原理を説明し，4分間だけ必要だと告げなさい。あなたに必要なのはそれだけである。

ある集団はエネルギー上昇を必要としている。

3　ウォーミングアップ・エクササイズ

前に進み，あなたの脳を軽く働かせよ

　あなたが選択する各練習に関して，3分以内に少なくとも30〜50のアイデアを作り出すことを目標にしなさい。もし集団が目標数に到達しなければ，到達するまで続けなさい。

下のものを，どのような方法で改善できるか

　改善のための方法を可能な限りリストにしなさい。

- バスタブ
- 自転車
- 階段
- 自動車
- 電話
- グローブ
- ごくありふれた物

下のものからどのようにして利益を得ることができるか

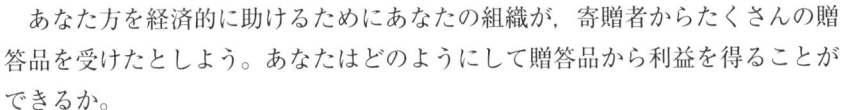

　あなた方を経済的に助けるためにあなたの組織が，寄贈者からたくさんの贈答品を受けたとしよう。あなたはどのようにして贈答品から利益を得ることができるか。

- 100万個のピンポン玉
- 10万個の左利き用グローブ
- 1万本のほうきの柄（スティックだけで，ハケが付いていないもの）
- 50万台の欠陥のあるパソコン机

下のものをどのように利用するか

　あなたが利用するつもりの可能な限りの方法をリストにしなさい。

- 鉛筆
- タイヤ
- 積み木
- ピストン

　上述したウォームアップ練習の多くは，パーンズ（Parnes, S. J.,）やトレフィンジャー（Treffinger, D.）らによって開発され，前者によって *Creative Behavior Guidebook* の中に，後者によって *Handbook for Creative Learning* の中に詳しく述べられている。あなたも，たくさんのアイデアを生成した後に，これらの練習に関する収束技法を利用して実践してみて下さい。

4 創造的に質問する

発散的質問と収束的質問

創造的な質問

　CPS セッションで，基本的には２つのタイプの質問が発せられる。発散的質問と収束的質問である。発散的質問は多くの反応を誘う。それらはさらに多くのアイデアを産み出す。収束的質問は反応を制限し，単純なイエスかノーで回答される。収束的質問は集団討議を終了し，問題解決過程の次の段階に移行するのに役立つ。正しいタイプの質問を発する時機を知ることは，あなたのファシリテーターとしての実効性を増すことになる。

以下は発散的質問例である

・ブロックに関して想像可能な用途としてどんなものがありますか。
・この問題を解決するために想像可能なアイデアはどんなものがありますか。
・あなたの考えは何ですか。
・我々はいずれのレストランで昼食を取りましょうか。
・コード，スイッチ，電池を使った実験で，どのような方法を採れば明かりをつけることができますか。
・この問題を解決するのに役立つこととして，他に何か考えていますか。
・あなたが思っているアイデアをどうぞ私に話してください。

以下は収束的質問例である

・あなたは何かもっとアイデアを持っていますか。
・あなたはその色が好きですか。
・他に何があるでしょうか。
・ありがとう，他に何か優れた提案はありますか。
・あなたは中華料理が好きですか。
・あなたの犬は噛み付きますか。

5 待ち時間

中断の効用

ファシリテーション・セッション中の中断はやりにくい。初めてファシリテーターになる人は特にそうである。しかし、あなたが集団作業をたくさん経験するにつれて、創造力をかき消している中断と、全く新しいアイデアの波を生む可能性に富んだ中断とを区別することを学ぶだろう。

集団をガヤガヤ言わせるためにファシリテーターとしてあなたが行うとっさの行動の中で、集団討議を促すための単純であるが強力なテクニックは、単に沈黙することないしは「待ち時間」であることを覚えておきなさい。研究者メアリー・バドーロー（Mary Budd-Rowe）と彼女の同僚は教師の質問行動について研究し、ほとんどの教師が生徒の質問に対して1秒以内に返答することを発見した。生徒の反応を分析することによって、長く（3秒かそれ以上）待てる教師が会話や討論をさらに活発にし、700％まで思索的思考を増加させていることを明らかにした。

偉大な男（ファシリテーター）に、私が全て話すまで待ってと伝えてよ。

待ち時間は創造的な思考を促す

ファシリテーターに対するアドバイス：待ち時間は、当初、不快と感じるかもしれないが、質問をした後の待ち時間を増やしなさい。そうすれば集団には多くが参加し、より多くのアイデアを産み出すことをあなたは見出すだろう。待ち時間を設けることで、開始時に参加をしぶっていたメンバーが引き込まれるようになる。

6 セッションを閉じる
フォローアップ計画を立てよ

　セッションの閉じ方について話すのは余計なことかも知れないが，CPSファシリテーションの力強い終了宣言は，成功への礎石である。結局，このファシリテーションで成果を前進させなければ，あなたがクライアントを援助したことにはならない。

　あなたがCPSプロセスのファシリテーションを終了した時点では，まだその会議は終了していない。CPSセッションに費やされた全時間とエネルギー価値を最大限にするためには，引き続き形式張らない終わりが必要である。

このプロセスはあなたにとって亀の歩みかも知れないが，すばしこいウサギにひけをとらないことを約束できる。

会議の目的を再確認しなさい

　会議の目的が達成されているかを確認するためにクライアントとチェックしなさい。あなたがすべてのことを取り扱っていることを確認するために検討議題を再確認しなさい。セッションが非生産的で無意味なものにならなかったことを確認するために，あなたのオリジナルのCPSプロセスの出発点（あなたがスタートしたプロセスの場所に依存しているので，これは，目標，願い，挑戦，問題に対する意見表明，解決に対する意見表明であったりする）をチェックしなさい。

フォローアップ計画

　多くのファシリテーション・セッションの隠れた主人公はフォローアップ計画である。それは，セッションから生じた優れたアイデアを行動計画で記述された優れた意図に関連付けるための架け橋となる。フォローアップ計画は行動計画のように構造化されていて，直ちに行われる事後会議の支援作業に焦点が当てられる。行動計画と同じフォーマットを用いなさい（何が実行されるのか，誰によって，いつまでに，誰に対して完了を報告するのか）。そして会議から起こる全行動ステップを表わしたフォローアップ計画を編成しなさい。

フォローアップ計画の項目例

・ノートをワープロで清書しなさい。
・結果を知る必要のある人々に対して，それらを配布しなさい。
・主要な問題を探索しなさい。
・行動計画を主要な人々と共有しなさい。
・次のステップに進むための承認を得なさい。
・フォローアップ会議を計画しなさい。
・一定期間（数日／数週／数ヶ月）内にその計画をフォローアップしなさい。
・次の会議に主要な参加者を招待しなさい。
・ファシリテーターに報酬を支払いなさい。

　もしこれらの項目が確定されなければ，他の誰かがそれらを実行すると考えて，皆が立ち去ることになる。そして何も起こらない。その結果どうなるのか。多くのファシリテーション・セッションを持ったにもかかわらず，それは失敗に終わるであろう。

評価

　最後に，うまく協同作業するチームには1つの共通事項がある。彼らは，何が起こったのかという報告を受ける。何がうまく処理されたのか（そうすれば彼らはそれを継続できる），と同時に何がうまく処理されなかったのか（そうすれば彼らはそれを改善することができる）が彼らにわかる。報告を受けることは，集団，クライアント，あなた，すなわちファシリテーターに利益をもたらす。何が起こったのかを評価するためにセッションの終わりに少なくとも5～15分間反芻（reverse）しなさい。プラスの面，可能性，心配な点を評価するために「最初にほめよ法」を用いなさい。それから必要であれば，心配な点を克服するために数分費やしなさい。フリップチャートに描いて大集団でこれを行うのか，あるいは参加者に対して個別評価シートに記述させよう。すべての会議で報告を受ける時間（及びリスク）を設定しなさい。それは，あなたのファシリテーション・スキルと集団・パフォーマンスを改善するために必須の戦略となる。

> 任務報告会議（手短かに）
> ・何がうまく行えたか。
> ・あなたは違った方法で何を行ったか。
> ・あなたは何を学習した，あるいは再学習したか。
> ・あなたは次回どんな学習を適用しますか。

7 集団発達のステージ

「集団プロセスは自然に進化する。自己調整的である。干渉することはやめなさい。それはそれ自身でよい結果を出します。プロセスをコントロールしようとする努力は，通常失敗したり，またはプロセスを無秩序にしたりする。起こっているものを信頼することを学びなさい。もし沈黙があるなら，それを育てよう。何かが出現します。もし嵐があるなら，荒れ狂わせましょう。それは静穏へと収まっていきます。集団に不満が充満していますか。あなたは集団を幸福にはできません。たとえできるとしても，あなたの努力は集団の創造への真なる苦闘を奪い去ることになるでしょう」

(John Heider)

ファシリテーターとして，あなたは CPS プロセスを実行するように期待されていると同時に，集団プロセスを実行するようにも期待されている。それは集団ダイナミクスとして有名である。いずれにしろ，すべての集団が高いパフォーマンスを達成する過程において通り抜けるある種の基本ステージがあることに注意されたい。ブルース・タックマン（Tuckman, B.）は 50 以上の集団発達研究の結果を検討して要約する中で，次の4ステージモデルを構築している。

フォーミング（形成期）

フォーミング・ステージでは，集団はそれぞれのメンバーについて発見し，学んでいる。集団メンバーは，他の集団メンバーに受容される行動と態度を試している。集団メンバーと課題との間にある程度のあいまいさがある。課題に対してほとんど進歩が見られない。

ストーミング（混乱期）

ストーミングとは集団メンバー間での葛藤を特徴とする。そのメンバーはお互いにより親しくなっていて，手近に課題がある。これは集団メンバー間での緊張と競合を生む。課題に対してほとんど進歩が見られない。

ノーミング（規範期）

ノーミング・ステージでは，集団は，規範，役割，さらにはお互いを受け入れ始める。手近な課題が明らかになる。葛藤が効果的に処理される。しかも結合感が得られる。課題に対して進歩が見られる。

パフォーミング（成果期）

パフォーミングは，進歩とチームワークによって特徴づけられる。集団メンバーは，ポジティブな対人関係を維持しながら，課題を完了する際に成功するように注意している。大いなる進歩が課題完了の際に見られる。

Tuckman, B.W. (1965) Developmental sequence in small groups. Psychological Bulletin, 63, 384-399.

8 チームの効用

集団発達のステージ

次の図は集団発達と集団効果の関係を示している。このチャートは，集団発達には先の4つに加えて下の2つのステージが含まれることを示している。

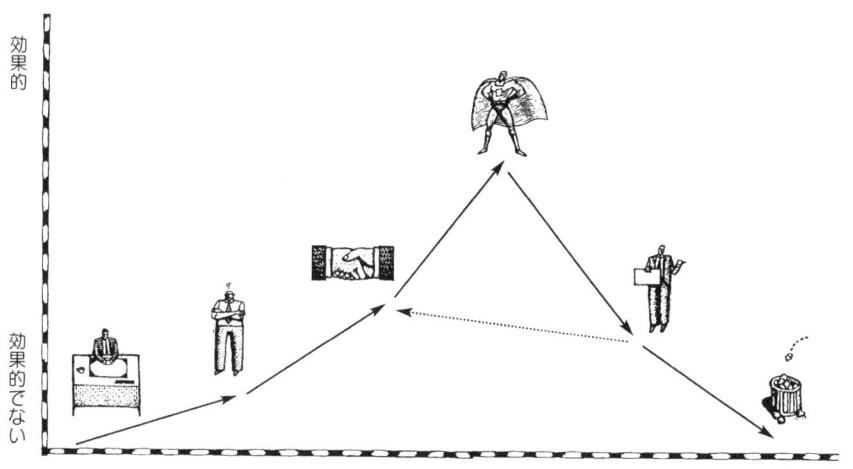

```
効果的
│
│                    ★
│                   ╱ ╲
│              ╱╲ ╱   ╲
│          ╱       ╲
│      ╱             ╲
│  ╱                   ╲
効果的でない
    フォーミング  ストーミング  ノーミング  パフォーミング  リフォーミング  クロージャー
```

リフォーミング（再形成期）

新しいデータがパフォーミング・ステージに挿入される際に，リフォーミングが起こる。このデータは新しい集団メンバーから作業中の変化に至るまで何でも該当する。このステージで，再集団化が起こる。集団効果は低下する傾向にある。

クロージャー（終結期）

集団がその目標を達成した時，あるいは解散する時に，クロージャーが起こる。クロージャーにおいて集団は，成果を短くまとめ，ここでの体験を祝して終える。

⑨ 集団サイズ

大きすぎず，小さすぎず，まさにちょうどよい大きさにする

集団サイズはダイナミクスと会議の結果に影響を及ぼす。あなたが集団で作業をする際に，あなたのファシリテーション・スタイルにうまく合う集団サイズとなるよう，細心の注意を払いなさい。

理想的なサイズ

マービン・シャーら（Marvin Shaw, Scott Isaksen, Roger Firestien, Donald Treffinger and Sidney Parnes）のようなエキスパートによって研究されているだけでなく，経験に基づいて，理想的なファシリテーター対集団比は，1人のファシリテーターに対して1集団約5～9名である。もしセッション中に9名以上になるようであれば，2つの下位集団に分けるか，さらにもう1人のファシリテーターを増員して作業することも考えなさい。

「微笑みを。集団ダイナミクスを伴う多くの問題は，ガイドラインに沿ったよりよい基礎訓練とポジティブな集団行動を強化するユーモアのセンスの組み合わせで，容易に乗り越えることができる。」
(Susan Keller-Mathers)

小さすぎる

もし集団が小さすぎる（5名より少ない）場合，参加者はアイデアを生成しようとしてかなり一生懸命に作業し，すぐにエネルギーを無くすだろう。マービン・シャーは自著の『集団・ダイナミクス：小集団行動の心理学』の中で，同様のことを記述している。

・集団が小さすぎる時，方向づけに関しては，ファシリテーターにかなり依存する。
・集団効果は（ある点では）集団サイズと共に増加する。

大きすぎる

シャーはまた同様に大きすぎる集団に働く障害を報告した。

・集団サイズが増加するにつれて，集団メンバーがほとんど参加しなくなる。
・集団サイズが増加するにつれて，集団メンバーは抑制され，かつ脅迫されて

いるように感じる。
- 集団メンバーはより大きな集団に対してあまり親近感を感じない。しかも結果にあまり満足していないように感じる。
- 小さな集団はより結合力がある。大きな集団はメンバー間に大きな不一致が生ずる。
- 大きな集団はコンセンサスを得るのがかなり難しい。集団標準に合わせるための集団統一性および斉一性へ向けてさらなるプレッシャーがかかる。

Ⅳ章　CPS プロセスの利用

もし不正を働く人が正しい手段を用いれば，正しい手段は間違った方向に作用する。

古い中国のことわざ

　CPS プロセスはファシリテーターとしてのあなたを案内するであろう。それは問題解決プロセスのどのステージから始めるのか，そして集団を前進させるためにどのようなツールやテクニックを用いるのかを診断するのに役立つであろう。

　CPS プロセスが集団にとっての正しいことの実行を手助けしてくれるのはわかったが，正しいことを実在させるのはあなたの責任だ。それには問題解決ツールとテクニックに精通している以上の能力が求められるので，集団の要求を十分に汲み上げることのできる中心的人物が必要となる。その人は，傾聴を重んじ，新しく未熟なアイデアを歓迎する環境を創造できる人物である。

　（中心的人物に求められる資質とは反対に）皮肉にも，あなたが CPS を用いる実践をすればするほど，正しいことを「実行すること」が本能的になる。しかもあなたは集団にとって正しいファシリテーターとして「存在」できるようになる。このとき，ファシリテーターはクライアントの期待から乖離した完成ステージ（stage of mastery）に存在していることになる。

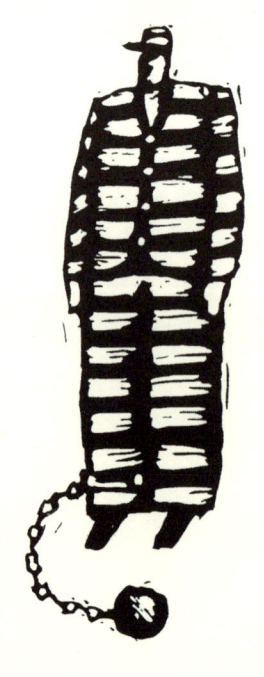

そのプロセスを知りなさい。しかしそれに囚われてはいけない。

1 挑戦を探索せよ

目標，願い，挑戦を同定せよ／データを収集せよ／問題を明確にせよ

挑戦を探索せよ　　　　**アイデアを生成せよ**

目標，願い，挑戦を同定せよ
　★多くの目標，願い，挑戦を記述せよ。
　■あなたがオーナーシップ，動機づけ，想像の欲求を持てるところで，目標，願い，挑戦を選択せよ。
データを収集せよ
　★目標，願い，挑戦を取り巻くあらゆるデータを探索せよ。
　■関連する全てのデータを同定せよ。
問題を明確にせよ
　★できるだけ多くの観点で問題を記述せよ。
　■実行可能な問題文を選択せよ。

★は発散的思考
■は収束的思考

行動を準備せよ

以下の場合，ここ「挑戦を探索せよ」からスタートせよ

　クライアントは何かを改善・創造・解決のために，新しい観点を探している。実際に作業を必要とする問題を際立たせるために，観点を取り巻く事実，感情，データを探索したいと考えている。

　挑戦を探索することは，まさに調査段階である。そのプロセスの各相を通して作業することで，あなたのクライアントは開始当初もっていた問題とは異なる問題の解決に至るかもしれない。

1-1 目標，願い，挑戦を同定せよ

「もし……であれば，素晴らしいのに」「……ならいいのに」

挑戦を探索せよ　アイデアを生成せよ

目標，願い，挑戦を
同定せよ
★多くの目標，願い，
挑戦を述べよ。
■あなたがオーナー
シップ，動機づけ，
想像的欲求を持つ
場所で目標，願い，
挑戦を選択せよ。

行動を準備せよ

●発散的に思考せよ

●多くの目標，願い，挑戦を記述せよ。

　次の言葉で始まるフレーズで考え出しなさいと告げ，目標，願い，挑戦をクライアントに表現させなさい。

　「もし……であれば，素晴らしいのに」
　「……だったらなぁ」

末広がり質問をしなさい。(次のページを見よ。)

●収束的に思考せよ

●オーナーシップ，動機づけ，想像の欲求がある場所で，目標，願い，挑戦を選択せよ。
　実行すべき目標／願い／挑戦の意見表明文をクライアントに精選させなさい。目標／願い／挑戦文のリストに目を通すよう要求することで，クライアントにオーナーシップ，動機づけ，想像の欲求が本当にあることをチェックしなさい。

次の基準の1つに照らして，それぞれの意見表明文をチェック※しなさい。
- ●オーナーシップ　あなたは状況に対して影響力があり，説明責任がある。
- ●動機づけ　あなたはそれに対して本当に行動を起こしたい。
- ●想像力　それは目新しさや新しい思考を必要とする。

※3つのチェック印の付けられる文はCPSの優れた候補である。

クライアントに尋ねる末広がり質問

- ・あなたが改善したいこととして，最近どんなことをしましたか。
- ・どのような種類の挑戦が心に浮かびますか。
- ・首尾よくいったことは何ですか。
- ・最近，誰が気がかりですか。それはなぜですか。
- ・あなたが達成したい目標は何ですか。
- ・あなたの生活を見渡しなさい。あなたが活かしたいのはどのような機会ですか。
- ・今日から一年間の自分自身を想像しなさい。どのような目標，夢，ビジョンをあなたは達成したい，あるいは翌年に始めたいですか。
- ・あなたが魔法の杖を与えられたとします。あなたの生活のどのような願いもかなえられるでしょう。何が理想的な目標や願いとなるでしょうか。

● 結 果

挑戦し続けるために憶えておきなさい。
・広く (broad)
・短く (brief &)
・利があるように (beneficial)

あなたがこのステージを終える時，あなたのクライアントには，意見表明スターター「もし…であればうれしい」あるいは「もし…であればなぁ」で始まる目標，願い，挑戦についての1つの意見表明文がある。新しいフリップチャートシートを用意し，この新しい目標，願い，挑戦についての意見表明文を書き留めなさい。

● ファシリテーター用注意書き

・容易に参照できるように，フリップチャートにページ数を書きなさい。
・クライアント自身の言葉で，目標，願い，挑戦を書きなさい。(もし必要であれば，見出しのようにそれを言わせなさい。)
・もしクライアントが取りかかる際に1つの項目に決めることができなければ，どの項目が最も近いかを尋ねなさい。

「もし…だったらうれしい」
「もし…であればなぁ」

1-2　データを収集せよ

挑戦を探索せよ　　アイデアを生成せよ

データを収集せよ
★目標，願い，挑戦を取り巻くあらゆるデータを探索せよ。
■あらゆる関連データを同定せよ。

行動を準備せよ

● **発散的に思考せよ**

●目標，願い，挑戦を取り巻くあらゆるデータを探索せよ

あなたのクライアントが選択した目標，願い，挑戦を見なさい。それについて何がわかっていますか。何がそれを取り巻くあらゆる事実，印象（feelings），質問であるのか。誰が含まれるのか。なぜチャンスなのか。この目標，願い，挑戦に関連した情報を探索しなさい。情報や事実を上回るデータ――感情，観察，質問，直感（hunches）――があることをクライアントに気づかせなさい。末広がり質問をしなさい（次のページを見なさい）。

● **収束的に思考せよ**

●関連データを同定せよ

クライアントにデータリストを再確認させ，資源集団がセッション中に知り，焦点を当てるのに最も重要である情報を同定するように求めなさい。

●終了せよ

クライアントの目標，願い，挑戦についての意見表明文とともに，主要データリストをフリップチャート上に，箇条書きしなさい。

クライアントに尋ねるための質問：

- その状況に至った経緯は何ですか。
- 誰が関わっていますか。
- 誰が意思決定者ですか。
- あなたはどのようにしてこの状況に関わりますか。
- もしその状況が解決されるとすれば，誰が得をしますか。
- これまでのところどのような成功が達成されましたか。
- 何が成功を推し進めましたか。
- あなたが出会った障害にはどんなものがありましたか。
- あなたはどこで援助を得ましたか。
- この状況はいつ起こるように思えますか。
- この状況で対策がとられるのはいつがいいですか。
- どのくらいの期間，関心を持っていますか。
- なぜこれはあなたの心配事となっているのですか。
- どうすれば，これはあなたにとってのチャンスとなるでしょうか。
- あなたは既に何を考え，何に挑戦してきましたか。
- 他のどのデータがこの状況に関連しており，しかも重要ですか。
- それについてのあなたの主感情は何ですか。
- あなたの感情はいかにあなたの行動に影響していますか。
- あなたの理想とする結果は何ですか。

Ⅳ章　CPSプロセスの利用

```
「もし…だったらうれ
しい。」

・データ　・データ
・データ　・データ
・データ　・データ
・データ　・データ
・データ　・データ
・データ　・データ
```

●ファシリテーター用注意書き

・「分かりきった」データでも適切であることをクライアントに意識させなさい。
・主要なデータをフリップチャートの空白シートに転記させなさい。

1-3　問題を明確にせよ

挑戦を探索せよ　　アイデアを生成せよ

「いかにして…するのか」
「どのように…できるか」
「どのような観点で…するのか」
「あらゆる…はどうなのか」

★できるだけ多くの観点から問題を記述せよ。
■実行可能な問題に関する意見表明を選択せよ。

行動を準備せよ

● 注意書き

　ここはクライアントと資源集団が協同作業を始める段階である。ちょっとした導入を手短に行うのがいいだろう。次のことを再確認するための時間を設定しなさい。
・CPS セッションでの役割
・発散的思考と収束的思考の根底ルール
・意見表明スターター

　あなたは，目標，願い，挑戦及び主要データについての意見表明文を並べたフリップチャートを説明することで，集団が速度に合わせるのを手助けするようにクライアントに依頼したほうがいい。集団が状況をより良く理解するのを手助けするための，クライアントに関する質問があるかどうかを，その集団に尋ねなさい。

発散的に思考せよ

●できる限り多くの観点で問題を述べなさい

　できるだけ多くの観点から，クライアントや資源集団に問題を言い換えさせなさい。意見表明スターターを利用しなさい。「いかにして…するのか」，「どのように…できるか」，「どのような観点で…するのか」，「あらゆる…はどうなのか」。取り掛かる際に，主要なデータを再確認し，そのデータに基づいて問題についての意見表明文を生成してみなさい。少なくとも 25 – 30 の異なる意見表明文を生成しなさい。

収束的に思考せよ

●作業に取り掛かるために問題についての意見表明を選択しなさい

　クライアントが残りの問題についての意見表明よりずっと優れているたった1つの意見表明を見つけ出せれば，その集団はアイデアを**生成する**段階に進むことができる。

終了せよ

　1つの上手く定義された問題についての意見表明文が見つかれば，この段階を終了しなさい。

ファシリテーター用注意書き

・もし問題についての意見表明文の生成が遅くなれば，「なぜ，何があなたを中断させているのですか」とか，ワードダンスのような発散的思考ツールを試してみなさい。
・いくつかの意見表明文が生成された後，クライアントに連絡し，次のことを尋ねなさい。「我々はあなたのため

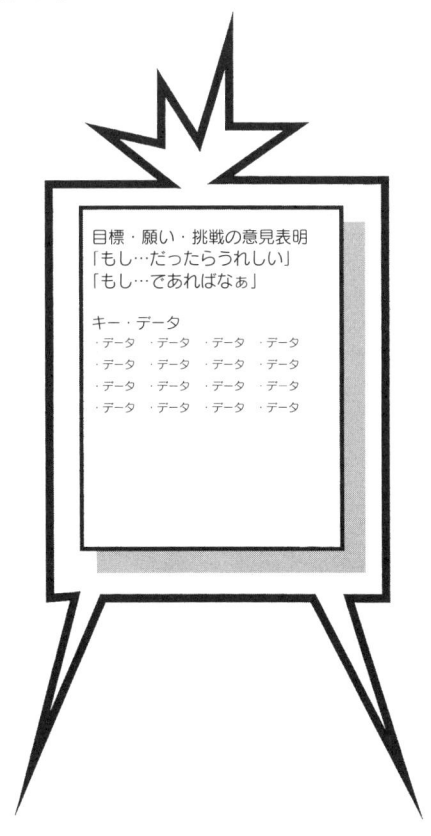

```
目標・願い・挑戦の意見表明
「もし…だったらうれしい」
「もし…であればなぁ」

キー・データ
・データ　・データ　・データ　・データ
・データ　・データ　・データ　・データ
・データ　・データ　・データ　・データ
・データ　・データ　・データ　・データ
```

に何かを生成していますか」,「我々は正しい方向に向かっていますか」。
・資源集団が発散的に思考している際に，彼らを次のように賞賛し，励ましなさい。「あなた方すべてが大きな仕事をしているのです」あるいは「この調子で行きましょう」。

伸びをして！

2 アイデアを生成せよ

挑戦を探索せよ　　アイデアを生成せよ

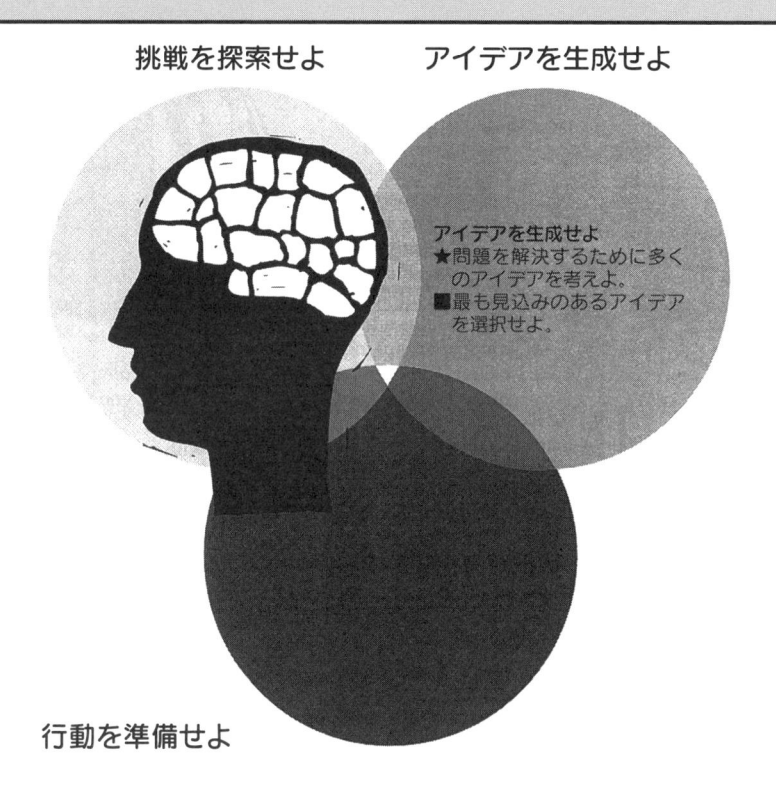

アイデアを生成せよ
★問題を解決するために多くのアイデアを考えよ。
■最も見込みのあるアイデアを選択せよ。

行動を準備せよ

次の場合はここ「アイデアを生成せよ」からスタートせよ

　明確に定義された問題があり，それを解決するためのアイデアを必要としている場合である。優れたアイデアを提案するための最善の方法は，アイデアを**たくさん生成すること**だと憶えておきなさい。一度，明白な答えが貼り出されると，精神がクリエイティブになりはじめる。だから，あなた自身のアイデアと他者のアイデアに寛大でありなさい：判断を延期しなさい。他のアイデアと違うものを生成しなさい。ひどく風変わりなアイデアに対して自由奔放に振舞い，拡大解釈しなさい。退屈なアイデアを扱うより，突飛なアイデアを扱うほうが簡単である。既成のアイデアを打ち破りなさい。量を追求しなさい。

●発散的に思考せよ

挑戦を探索せよ　アイデアを生成せよ

アイデアを生成せよ
★問題を解決するために多くのアイデアを考えよ。
■最も見込みのあるアイデアを選択せよ。

行動を準備せよ

●問題を解決するために多様なアイデアを考え出せ

集団に対して，オリジナルの目標／願い／挑戦についての意見表明文，主要データ，問題についての意見表明文を大声で読み上げるようにクライアントに頼みなさい。発散的思考のガイドラインを確認しなさい。（下のボックスを見よ。）「我々は正しい方向に向かっていますか」，「あなたが作業するのに十分なアイデアは存在しますか」とクライアントに尋ねなさい。

資源集団に対して，クライアントの問題を解決する少なくとも35のアイデアを生成させなさい。さらに35より多く生成しなさい。あなたは優れたアイデアが出現するとわかっても，集団に対して目新しさを追求させるのです。拡大解釈しなさい（次のページの質問を利用しなさい）。クライアントが十分なアイデアがあると言うまで，実行し続けなさい。

●収束的に思考せよ

発散的思考の根底ルール
・判断を延期せよ
・量を追求せよ。
・突飛なアイデアを捜せ。
・他のアイデアに便乗せよ。

●最も見込みのあるアイデアを選択せよ

いくつかのツールが適切であろう。もし結合可能な多くの選択肢をクライアントが所有していれば，ハイライト法を利用しなさい。

集団に尋ねる質問

想像性を揺さぶるためにスキャンパー質問を利用しなさい
Substitute（置き換える）：あなたはどのようなプロセス，人，マテリアルを置き換えますか。
Combine（組み合わせる）：どのようすれば，あなたは部品，人，プロセスを組み合わせることができますか。
Adapt（当てはめる）：他に何がこれに類似していますか。
Modify（修正する）：あなたは何を加える，減らす，修正する，あるいは変えることができますか。
Put to other uses（別の使い道を挙げる）：これについて他にどんな用途が考えられますか。
Eliminate（削除する）：あなたはどのような犠牲あるいは余計なものを取り除くことができますか。
Rearrange（もう一度整理する）：他にどんなパターンあるいはどんなアレンジを試みることが可能ですか。

強制的結合句を利用しなさい
「これ（物，あるいは絵・写真）を見て，この問題を解決するためにはどのようなアイデアがありますか」。

●ファシリテーター用注意書き

・フリップチャートにページ数をつけることを憶えておきなさい。
・アイデアを明確にするために，「何がそれについてのあなたの考えですか」と尋ねなさい。
・少し休憩を取って背筋を伸ばすことを考えなさい。この調子で行きましょう。
・もしアイデア生成の流れが遅くなれば，ブレインライティング，強制結合，視覚結合あるいはスキャンパーのような発散的思考ツールを利用しなさい。
・クライアントが収束的思考をする間，資源集団と連絡を取りなさい。
・自分たちが重要であることを気づかせなさい。

目標，願い，挑戦に関する意見表明：
「もし…だったらうれしい」，「もし…であればなぁ」

主要データ
・データ ・データ ・データ ・データ
・データ ・データ ・データ ・データ
・データ ・データ ・データ ・データ
・データ ・データ ・データ ・データ

問題に関する意見表明：
「いかにして…するのか」，「どのように可能なのか」，「どのような観点で…するのか」，「あらゆる…はどうなのか」

通常ではない突っ張りとおもちゃは，集団設定の際にエネルギーと想像力を注入してくれる。これらのアイテムを注意深く選択するように我々は提案する。

3　行動を準備せよ

解決策を選択し，補強せよ／行動を計画せよ

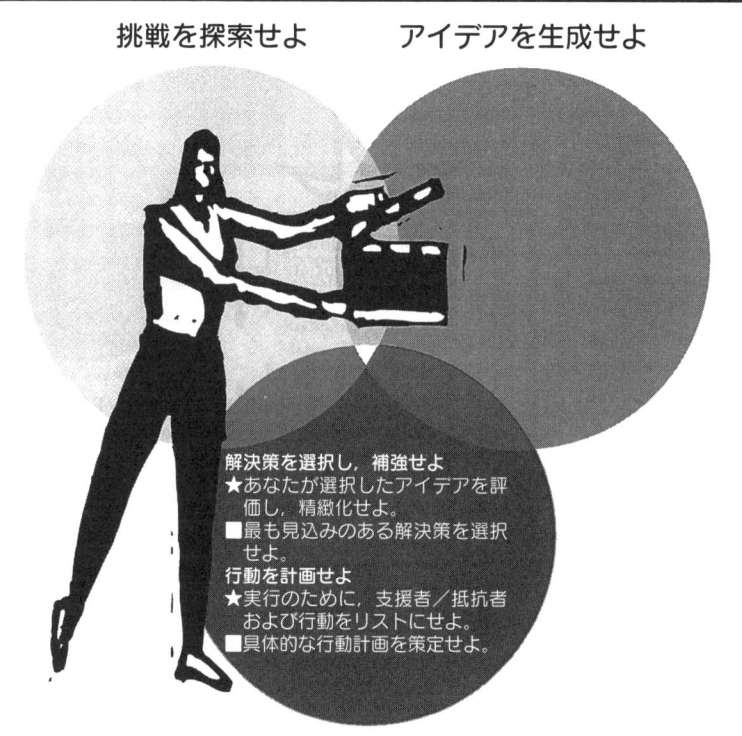

挑戦を探索せよ　　アイデアを生成せよ

解決策を選択し，補強せよ
★あなたが選択したアイデアを評価し，精緻化せよ。
■最も見込みのある解決策を選択せよ。

行動を計画せよ
★実行のために，支援者／抵抗者および行動をリストにせよ。
■具体的な行動計画を策定せよ。

行動を準備せよ

次の場合はここ「行動を準備せよ」からスタートせよ

　集団が多くの見込みのあるアイデアを生成しており，しかもクライアントがそれらを実行可能な解決策に移す準備が整っている場合である。解決策に加えて，クライアントが他者から意見を仕入れ，しかも次につながるように詳細な行動計画を欲していると感じているときである。

3-1 解決策を選択し，補強せよ

挑戦を探索せよ　アイデアを生成せよ

解決策を選択し，補強せよ
★あなたが選択したアイデアを評価し，精緻化せよ。
■最も見込みのあるアイデアを選択せよ。

行動を準備せよ

「私（われわれ）がしようとしていることは，…である」

あなたが次にすることは，アイデア生成段階でまさに何が起こっているかに依存する。ファシリテーターとして，次に紹介するテクニックのいずれがあなたのクライアントの状況に適用できるか考えなさい。

1. 多くの類似したアイデア：言い換え法／PPCO

もしアイデア生成段階で選択されたアイデアが1つの解決策として相応しいと思えば，意見表明スターター「私がしようとしていることは，……である」を利用して，アイデアを考える時間を作るようにクライアントに依頼しなさい。それから，最初にほめよ法（PPCO）を利用して，そのプラスの面，可能性，心配な点を考えることでアイデアを補強しなさい。クライアントにとって重要なものから順に，1つずつ心配な点を克服しなさい。

2. 1つのアイデア：言い換え法

もし1つのアイデアが他のものよりずっと優れていれば，意見表明スターター「私がしようとしていることは……」を利用して，クライアントにそれを言い換えさせなさい。そのプラスの面，可能性，心配な点を考えることで1つの解決策を補強しなさい。クライアントにとって重要なものから順に，1つずつ心配な点を克服しなさい。

クライアントに尋ねるための質問

アイデアを補強するために最初にほめよ法を利用せよ

プラスの面：あなたがそれについて好きなことは何ですか。その利点は。

可能性：これが実現するようになるとして，将来何が可能になるか。副産物や将来の利益となるのは何ですか。スターター「それは…かもしれない」を用いなさい。

心配な点：限界となるのは何ですか。
それらを「いかにして…するのか」，「どのようにして…できるか」，「どんな観点で…可能か」，「あらゆる…はどうなのか」という質問で確かめなさい。

克服せよ：クライアントにとって重要なものから順に，一度に1つずつ心配な点を克服しなさい。

3．発散アイデア：基準／評価マトリクスを生成せよ

もしクライアントが真に発散したアイデアを選択したときには，それらを判断し，精緻化するための基準を生成しなさい。(「それは将来可能か」「それはできるか」「現在の状況は」と尋ねなさい)。それから，評価マトリクスを使って残りのアイデアを評価しなさい。

4．同じ価値を持つ多くのアイデア：カード分類法

もしクライアントが選択したアイデアが同等に重要である場合，カード分類を利用してそれらを評価し，優先順位をつけなさい。それから結果を取り上げ，最初にほめよ法，ターゲット法，評価マトリクス法を用いなさい。

目標，願い，挑戦に関する意見表明：
「もし…だったらうれしい」，「もし…であればなぁ」

主要データ
・データ ・データ ・データ ・データ
・データ ・データ ・データ ・データ

問題に関する意見表明：
「いかにして…するのか」，「どのように可能なのか」，「どのような観点で…するのか」，「あらゆる…はどうなのか」
「私がわかってやっていることは」

3-2　行動計画を立てよ

挑戦を探索せよ　アイデアを生成せよ

行動計画を立てよ
★実行のために，支援者／抵抗者と行動をリストにせよ。
■行動の具体的な行動計画を策定せよ。

行動を準備せよ

あなたの提出した解決策が選択・補強されたのであれば，新しく改善策が書かれた意見表明を用いて，この段階（行動を計画せよ）から始めなさい。

「私（たち）がまさにしようとしていることは……である」

●発散的に思考せよ

●あなたの解決策に対してあらゆる支援者と抵抗者をリストにせよ。実行可能な行動をリストにせよ

　第一に，あらゆる支援者，解決策の実行を支える物事のリストを資源集団に生成させなさい。第二に，あらゆる抵抗者，解決策の実行を妨げる物事のリストを集団に生成させなさい。第三に，仕事の支えとなるあらゆる行動ステップのリストを生成させなさい。

●収束的に思考せよ

●行動の具体的な計画を作成せよ

　主要な支援者と抵抗者を選択せよ。実行可能な主要な行動を選択せよ。誰が，何を，いつまでに，誰に対して完了を報告するのかを詳しく示した計画を作りなさい。

集団に尋ねるための質問

- 誰があなたの解決策についてあなたを支援してくれますか。
- 誰があなたの解決策のメリットを確信する必要がありますか。
- あなたの解決策から行動を起こすために，あなたはどのステップをたどりますか。
- どの資源が利用可能ですか（人，資材，お金）。
- どのようにして解決策への賛同を得ることができますか。
- どのようにして熱狂を呼ぶことができますか。
- あなたが打ち勝つために行わなければならないことは何ですか。
- あなたはどこで始めるつもりですか。
- どのような特別な場所あるいは立地を利用するつもりですか。
- 避けるべき立地はどこですか。
- どのようにこの解決策を試すことができますか。
- あなたのアイデアを展開するのに随伴することは何ですか。

●ファシリテーター用注意書き

- 直角に交わる罫線を描きなさい。それぞれの行動ステップを個別にリストにし，誰がそれをするのか，いつまでにそれが完了しなければならないのか。それが実行されるのを誰が知っておく必要があるかを詳述しなさい。

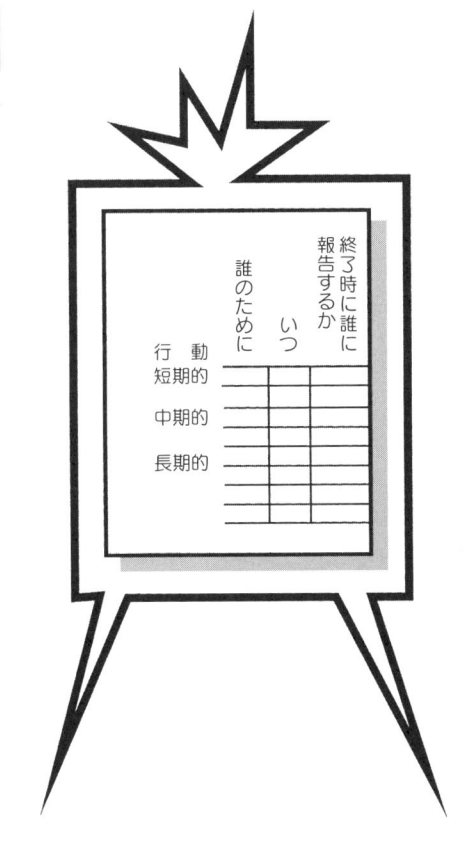

行　動	誰のために	いつ	終了時に誰に報告するか
短期的			
中期的			
長期的			

これは，あなたの状況にどのような観点で当てはめることができるか。

V章　上級者ファシリテーション

「もし1つのハンマーがあなたの全ての所有物であるとしたら，すべてのものは釘に見える」

(Abraham Maslow)

　CPSプロセスのステージを知ることは，単なる第1段階である。ファシリテーターは，どのステージが適切であるかのみならず，どのツールが仕事の遂行に最も適しており，いかなるテクニックが集団に最も利益をもたらすかを知る必要がある。

　これ以降のページには，CPSプロセスのステージに対応したツールや各プロセスのステージを表したチャートとともに，「ヒーロー・ファシリテーター」に関する有用情報が含まれている。それらの上級スキルと便利表（76～79ページ参照）はピンチになったときにきっと役立つことであろう。

1　ファシリテーターに人気のある情報(FAST)

あなたは可能な限り最良の配慮ができるファシリテーターになれ

あなたは，熱心な参加者の集団の前に誇りを持って立っているとしよう。参加者はあなたを，ファシリテーターとして賞賛しながら見つめている。そのとき突然に，フリップチャートが床に崩れ落ちた。あなたはフリップチャートが使えなくなった。すなわち，要点に付けたマーカーが利用できなくなった。あなたは保護テープの下に準備した内容を失ってしまったのである。

フリップチャートが使えないと，セッションは詳細部分がわからないので「はずみ」と「エネルギー」を失う。これに代わるものはすでに学習したレッスンの編集である（困難な方法である）。この本質的な「手順リスト」は，後方業務資料等による伴奏なしで，あなたのファシリテーションがスムーズに進むことを保証する。あなたが学習に関するそのような当惑を軽減することを願って，役に立つ関連情報を手渡すことにする。とにもかくにも，あなたを歓迎する。

あなたの資源集団は，周到な配慮をもったあなたを好きになるであろう。

● 設定

前もって発表チャートをつるせ

議題，役割，ガイドライン，データと課題の要約を事前に準備しなさい。可能ならそれらを部屋前面の高い壁位置につるし，次のフリップチャートを容易にその下に配置できるようにしなさい。参加者の注意をひきつける位置に配置しなさい。

フリップチャートを安定させよ

フリップチャート・スタンドとフリップチャート・板が安定しているか2回チェックしなさい。2ないし3インチに割いた1ダース以上のマスキングテープを作り，フリップチャートの後ろにそれを貼り，複数のフリップチャート・

ページが釣るせるように準備しなさい。

フリップチャートに番号を打て

高いエネルギーを使う CPS セッションは，数ダース，いや数百のアイデアを生かしたフリップチャート・ページを生み出す。各々のフリップチャート・ページに連続して番号をつけて，上部の隅に書き入れなさい。

もしあなたがセッションを「目標同定」「願い」「挑戦ステージ」からスタートし，「データ収集ステージ」へと進むならば，あなたのフリップチャートは，下のように番号付けられるであろう。

　　　目標同定　　1
　　　目標同定　　2
　　　データ収集　3
　　　データ収集　4

あなたやあなたのクライアントに意味のある表記法を用いなさい。そうするとページを容易に読むことができ，セッションの後で分類することが可能になる。

フリップチャート・ページをどこにつるすか決めよ

もしあなたのセッションが非常にたくさんのフリップチャート紙を生み出したら，あなたはそれを用いて何をしますか。セッションを開始する前に答えを考えておきなさい。部屋を偵察して，シナリオを予測しなさい。フリップチャート・ページを人々の目の高さにしなさい。そうすると人は立ち上がり，動き回り，必要ならばアイデアについて思案する。（あなたのフリップチャート・ページ，（議題，役割と根底ルール）をセッションがスタートする前に部屋の前面に吊すことを忘れるな）。

複数のタイマーを役立てよ

タイマーの使用は，集団を各々の活動に焦点を当てるようにひきもどしたり，また各々の活動にいかなる時間を捧げるべきかをキープしたりするのに効果的な方法である。われわれは，数字が大きくて読みやすい大きなデジタルタイマーを好んで用いている。

用具を二重にチェックせよ

あなたは十分なポストイット，ペン，マーカーを持っていますか。そのマーカーは使えますか。「強制結合」用具や絵が準備できていますか。セッションの間に二重チェックされたい。準備のための周到な 2, 3 分が，手探りのファシリテーションと素晴らしいそれとの違いを分けることになる。

2　ヒーローとしてのファシリテーター
セッション中の輝かしい変身

> 「少ないことが究極においては最も重要である，というのが私の長年にわたる公理である。」
> 　　　　（Arthur Conan Doyle）

人生のスキルと同様に，基礎を身に付ければ付けるほど，あなたは細部に渡って注意がいくようになる。この細部はしばしば，ヒーロー・ファシリテーターを駆け出し者と区別する点となる。あなたがファシリテーション経験を積もうと願うなら，下記の事項に注意されたい。

いつファシリテーションを使い，いつ教えるかを知れ

　CPSツールを使う前に，ツールが何でありいかにそれが働くかを，集団に教える。優れたファシリテーターはそれゆえ，優れた教師である。参加者がCPSセッションで使うツールとテクニックを確かめなさい。例を示し，現実の問題とは関連していない挑戦に関して，それらのテクニックを練習する時間を与えなさい。参加者が困難な状況下でそれを適用することが求められる前に，そのツールをどう使うかを示しなさい。短時間のファシリテーション・セッションであっても，たとえば4時間であっても，参加者が後のセッションで用いるテクニックのための訓練を最初の45-60分間とることを勧める。理想的には，困難な挑戦に挑む前に，参加者はCPS基本コースをとるとよい。それが可能な時にはCPSプロセスを復習して，挑戦に取り組む前に，短いウォームアップ練習を集団に与えなさい。それがよりよい時間の使い方である。

あなたの非言語的メッセージをモニターせよ

　ある人のボディーランゲージが表出言語とは異なっていたというような経験を聞いたことがありますか。それが伝えるメッセージをあなたは信じることができますか。ボディーランゲージは，言語の信頼性を強めたり弱めたりする。言語学者のアルバート・メラビアン（Albert Mehrabian）によると，われわれの正または負の意味の90％以上は音声のトーン，身体表出とジェスチャーによって運ばれているという。セッションでファシリテーションを行うとき，あなたの意味するものを直ちに言ってはいけないし，ジェスチャーや音声的語尾変化によってそれを強調してもいけない。あなたの全身が送ろうとしているメッセージを伝えることができるのである。しかし注意しないと，送る意図のないメッセージを伝えることになる。あなた自身と集団の非言語的コミュニ

「国民はリンカーン像の横に1人のファシリテーターを刻むことを望んでいるとあなたはいうのですね。」

「ファシリテーターとは何者かね。」

ケーションに注意されたい。

あなたのエネルギーレベルを監視しなさい

集団はあなたのエネルギーレベルを拾いあげそして反映するであろう。集団が熱くなっていない時には，あなたのエネルギーを最高にしなさい。あなたはもっと面白くなるだろう。集団がもっと面白くなってきたら，やがて彼らはあなたが進む方向に対してエネルギーを送ってくる。

浮いた存在になるな

集団はあなたが積極的か消極的かに対して反応する。小集団が分裂したり軌道をはずれたりしているときには，歩み寄って彼らを「巡視」なさい。参加者が小集団かあるいは個人で課題に取り組んでいるときには，回りを歩いたり彼らを「チェック」したりする必要はない。大人の学習者は監視されることを評価してくれない。集団が課題に取り組んだと思えたときには，あなたは座って，彼らに任せよう。彼らは「間」を評価する。

割り当てを設定せよ

研究や経験が示しているように，あなたが集団に求めるアイデアの個数や意見表明数を単に設定するだけで，ふだん彼らがやっているよりももっと先に行

くことができる。あなた方がより多くアイデアを産出すればするほど，良いアイデアが出てくる可能性が広がる。1つの効果的なブレインストーミング・セッションというものは，5分間に4つのアイデアを生み出すことではない，ということを覚えておこう。5分間には40または50または60のアイデアが生成可能である。達成可能な割り当てである高い水準の設定は，集団に通常の到達すべき共通目標を与え，エネルギーに満ち，かつ生産的な感情を残すのである。

クライアントと一緒にチェックせよ

　セッションが正しい方向に向いているかを確かめたいと思いませんか。直ちに尋ねなさい。クライアントと一緒のチェックは，スムーズなセッションを確保するための簡潔で強力な方法である。事あるごとに，「われわれは正しい方向に向かっているか」，「あなたが望むアイデアのタイプを得ているか」，「われわれは十分なアイデアを得ていると思うか」と尋ねなさい。クライアントの答えによっては，「他に進みたいと思う方向がありますか」と続けて尋ねなさい。このことはセッション中にクライアントにフィードバックを求める機会を与え，皆の時間がより生産的かつ満足のいくものになるであろう。

収束的思考をおこなっているクライアントを見捨てるな

　発散が終わったところで，資源集団に休息を取らせ，クライアント一人に選択肢の検討をさせたいという誘惑に駆られる。しかし，これはやってはならない。クライアントが収束的思考をしている間は，資源集団を部屋に留めなさい。そうすると，彼らが出したアイデアについてのクライアントの質問に備えることができる。さらに集団を近くに留めることによって，彼らがクライアントを支持しているという非言語的なメッセージも送れる。

集団の会話を管理するために目線の移動を用いよ

　ファシリテーションのどこかにおいて，集団討論に火をつけたいと思うときがあるかも知れない。参加者にもっと話すことを奨励したいときには，物理的

私は，私のCPSトレーナー，私のクライアントと資源集団に感謝したい。

に，彼らの目線まで降りていく。彼らに1つの疑問を投げ掛けた後で座る。そうするとあなたは，集団と同じ目線にいることになる。これは，集団を機能させ始めるまたとない機会である。あなたが突っ立ったままだと，集団はあなたを権威を持った人と受け止める傾向が強い。このようにしてあなたが座わると，同等と感じられ，人々はより自由に話すことを始めるであろう。

必要な時には活動を停止せよ

時として事が計画通りに進まないことがある。もしセッションの期間中にこれが起きたら，セッション計画を再調整するためにある時間をとることを恐れるな。集団に小休止を与えるか，または，これまでのセッションの中において得た鍵となる洞察について議論するために，少しの時間をとることを集団に求めなさい。クライアントとチェックし，あなたの計画を再確認し，必要な修正をするためにこの時間を用いなさい。短時間であっても上手に使うと，大きな差が出る。

不適切な行動にブレーキをかけよ

不適切な行動を処理するためにセッションを止めることはめったにないが，時としてそれが起きる。もしある個人がセッションを邪魔し，他の人の学習を妨げていることを発見したならば，小休止を取り，その人と個人的に話し合いなさい。何が彼らを困らしているかを見つけ出させなさい。その後に，問題を解くためのステップに進みなさい。こうしないと，セッションが成立しないばかりでなく，ビジネスが抑制される。言い換えると個人的な問題で終わることがしばしば起きる。

解決のための意見表明を短くするな

明確かつ簡潔にしたいという要求は残るが，CPS セッションは通常，複雑な問題について言及する必要が起きる。そして複雑な問題はしばしば複雑な解決を必要とするということを覚えておこう。柔軟にやりなさい。もし1つの解決が多くのパートを含んでいるとき，パートのすべてを雄弁につかみ取れるように確実にやりなさい。解決に対する意見表明は，解決の意味合いをカプセルに入れるべきである。解決に対する意見表明は必要に応じてなかったり短かったりする。しかし，それは行動を導くに足りるほどに詳細であるべきである。例えば，市場に関して新しい小道具（widget）が必要な時には，解決に対する短い意見表明は，次のようになるであろう。

「今，私がわかってやっていることは，食料品店に関するこの小道具を市場に出すことである」。

この解決に対する意見表明は，セッションの中で議論されたアイデアのすべてを含めるためには，あまりに一般的である。よりよい解決に対する意見表明は，次のようになるであろう。

「われわれが今わかって最初にやっていることは，小道具市場において勝ち抜くためには分析が必要ということである。その方法として，BCX という会社のレンタルが考えられる。2番目に，われわれはそのレポートの成果を取り上げて分析し，そして最初の市場戦略を公式化することである。3番目は，2日間隠遁して，国中のキーとなるリーダーにそれを持ち込み，彼らが属する会社の 50 部門からの見解を得る。4番目に，合衆国の北東部にあるすべての食料品店から大まかなフィードバックを得るために，6週間費やす。5番目に，われわれのすべてのデータを編集して最終的な市場戦略の洞察を得る。最後に，その小道具を使って，合衆国の北東部にある食糧品店に対して，4ヶ月のすべり出し興行を行う」。

すべての解決が単純とは限らない。

3　ファシリテーターの話術

魔法の言葉を言いなさい

　すべてのファシリテーターは，集団がアイデアを出し尽くし，クライアントが忍耐の限界を超えるという真実の瞬間を経験する。そのとき，ファシリテーターは「何かを考え出すことができませんか」と大声で叫びたくなる。しかしこれは賢いファシリテーターの取る方法ではない。その時こそが，集団があなたの信頼と奨励を最も必要とする瞬間である。穏やかな句や探りの質問をすることが，アイデアの流れを再び得ることを可能にする。下について考えよう。

「"アブラカダブラ"，ですか」

クライアントと一緒にチェックするために
・われわれはあなたにとって正しい方向に進んでいるか。
・それらは軌道に乗っているか。
・あなたは十分なアイデアをもっているか。あるいはもっとそれが欲しいか。
・あなたはこの方向で心地よいか。
・あなたは不安に打ち克つために十分なアイデアを持っているか。
・ここではわれわれは軌道に乗っているか。
・この点においてわれわれがどこにいるかをチェックしたい。
・何が有効に働いているか。

発散質問
・これを解決するためにあなたが想像することができるすべてのアイデアは何ですか。
・これを解くためにもっとアイデアを得ましょう。
・何があなたを制止していますか。
・なぜですか。
・もっと言ってください。

・何をあなたは考えていますか。
・それの背後にあるあなたのイメージは何ですか。
・それについてもっと私に言ってください。
・その方向で何が得られますか。
・あなた自身が子どもまたは最高責任者または他の人になって考えなさい。
・それで，もしあなたがそのことについてまとめなければならないとしたら，それについてどのように述べますか。
・その状況におけるあなた自身を想像しなさい。何が見えますか。それについて考えたとき，どんなアイデアが得られますか。
・どのような予想図があなたの考えることの反対にありますか。
・われわれが作っている仮定は何ですか。
・矛盾する反応は何ですか。
・それについて想像してみよう。
・われわれの思考を広げよう。
・今日からあなたの5年間について想い描こう。
・もう2分間拡大してみよう。
・それらを前途有望なものに保とう。
・少し深く掘り下げよう。
・偉大なアイデアだ。それらを前途有望なものに保とう。
・それで，ここで共通のテーマは何か。

収束質問

・そのことはあなたのためになるのか。
・何か明確にするための質問がありますか。
・あなたはこの議論を続けたいと思いますか。または，話題を変える準備ができていますか。

V章　上級者ファシリテーション

それを少し深く掘り下げよう。

もっと言ってください。

あなた自身がその人の立場になって考えなさい。

4 資源集団を選択せよ

CPSの呪術（voodo）を言うのは誰か

　新たな資源集団はセッションの成果に劇的に影響与える。それで賢く選びなさい。もっと正確に言うと，あなたのクライアントが賢く選ぶのを勇気づけなさい。最初の場合，多くのクライアントは，主題をよく知っている参加者のみを望む。このことは出発のためには好都合である。しかし，集団を例えば市場部門のみに限定することは，新鮮さを得るための可能性（しばしば有益な未来図となる）を縮小する。

　理想的な資源集団はすべての部門，言い換えると，その組織における部局からの代表者，お客，挑戦ついて何も知らないクライアントや人々から成るのが望ましい。

偉大な資源集団

　偉大な資源集団は挑戦領域に関してさまざまな角度（会計，製造と出荷）から検討できる人から構成される。集団はもちろん，主題について何ら糸口を持たない人も含む。しかし彼らが質問する「ばかげた質問」は問題に対して輝かしい洞察を得ることもある。もし可能なら，集団に対して洗練されていないアイデア（それについて全く考慮されていない）をぶつけることを恐れない外部の創造的な人を含むとよい。彼らは，集団が新しい方法において考えること，ならびに，洗練されていないアイデアを構築し拡張することを刺激する。結局のところ，あなたは目新しいアイデアを探している，そうですね。

完全な資源集団を求めて世界中を探しまわろう。

下の領域から人々を招待することを考えよう

マーケッティング	製品開発
作戦本部（operations）	法律
エンジニアリング	研究開発
財務	人的資源
ライン労働者	計画
購買	市場調査
会計	顧客
輸送	エンドユーザー
管理	供給
製造	同じ地位にいる同僚
顧客サービス	創造的指導者（例えば，集団
生産	フリーランス作家・芸術家
ソフトウエア開発	野心的な思考家・教師
製品管理	子ども）
販売	

本当の話： スナップショット

　1943年に，1日を費やして写真を撮ったあとで，エドウィン・ランド（Edwin Land）の3歳の娘が，なぜ彼女はフィルムが処理されるのを待たなければならないのかと尋ねた。この「ばかげた質問」が，ポラロイド・ランド・カメラ，すなわちインスタント写真の発明をひらめかせた。時として最も単純な質問が，主要な突破へと導く。

CPS ツールボックス：発散法

ツール	いつ使用するか	CPS ステージ
ブレインストーミング法	あなたが集団と一緒に多くの選択肢を必要する時	・どのステージでも
ブレインライティング法	選択肢を生み出す時または累加的な改善が必要な時。判断を遅らせることに問題を持つ集団，すなわち話が止まらない集団に大きな効果	・どのステージでも
強制的結合法	生成セッションの中で思考を広げる必要がある時	・アイデア生成 ・問題の明確化
「なぜ，何があなたを制止するか」	狭いあるいは広い見取り図で問題に関する意見表明を生み出す時	・問題の明確化 ・アイデア生成
末広がり質問	思考を活性化したい時，選択肢を生成したい時，集団の相互作用の欲しい時	・個人目的/願い/挑戦 ・データ収集
行動質問の計画	特別な行動ステップの生成が必要な時	・行動計画
スキャンパー法 (SCAMPER)	思考を広げ多くの選択肢を生成する時	・アイデア生成
視覚的結合法	ブレインストーミング・セッションで思考を広げるとき，特に革新的な選択肢を産出する時	・アイデア生成 ・問題の明確化 ・選択と補強

CPS ツールボックス：収束法

ツール	いつ使用するか	CPS ステージ
カード分類法	絞り込む必要のある多くの選択肢があり，それらに優先順位をつけたい時	・問題の明確化 ・アイデア生成 ・解決への選択・補強
ハイライト法 （ヒットする，まとめる，言い換える）	絞り込む必要のある多くの選択肢があり，テーマによって集団化が必要な時	・問題の明確化 ・アイデア生成 ・行動計画
ヒット法	他よりもはるかに優れている少数の選択肢がある時	・どのステージでも
評価マトリックス法	基準を用いて選択・評価する選択肢がたくさんある時	・解決への選択 ・補強
最初にほめよ法 （プラス面，可能性のある面，心配，心配を解決する）	考慮すべき少数の選択肢がある時	・解決への選択 ・補強
ターゲット法	1つ以上の強い選択肢があり，それらを補強したり評価したりする時	・個人目標／願い／挑戦 ・問題の明確化 ・アイデアの生成 ・解決を選択・補強

ファシリテーター便利表（1）

ステージ	個人目的/願い/挑戦	データ収集	問題の明確化
目的	改善を必要とする状況と挑戦を同定する	多くの視点からの鍵データを探索する	問題解決の効果を焦点化するために問題を探索する
診断	状況は不明確であるか方向は明確であるか	あなたはその状況について全てを知っているか，付加的な情報が必要か	問題はうまく定義されているか，その問題をよりよく解く他の接近法があるか
投入時期	目標の確立または問題解決に関する焦点化が必要	さらなるデータのために探索を必要とする領域（典型的には，目標/願い/挑戦に関する意見表明）	焦点化の必要な1つの事項（典型的には，目標/願い/挑戦に関する意見表明）
行為（To do）	目標/願い/挑戦に対する意見表明の生成；探索すべき1表明に収束	データに関して，誰，何，いつ，どこ，なぜ，いかにを生成する	特殊な問題に関する意見表明を生成し，1つの表明に収束する
意見表明スターター	もし…であればなぁ　もし…だったらうれしい	なし	いかなる方法で可能か，どのように…できるか，どの程度…可能か，あらゆる…であるのは何か
発散	末広がり質問　ブレインストーミング	5W's　末広がり質問　ブレインストーミング	ブレインストーミング　「なぜ」「何があなたを止めているのか」　ワードダンス
収束	ヒット法，ハイライト法	ヒットしたデータ	ヒットする，ハイライトを当てる
成果	さらなる探求を要する個人目的/願い/挑戦に関する意見表明	問題に関する意見表明の生成を助ける鍵データのリスト	アイデアの生成のために用いられる上手に定義された問題に対する意見表明

ファシリテーター便利表（2）

ステージ	アイデア生成	解決への選択/補強	行動計画
目的	意見表明を表した新奇・有益なアイデアの創造	問題を解決するためのアイデアの補強	解決実行のための行動計画の展開
診断	あなたの問題をどのように解けばいいかわかっているか，あなたは新奇・ユニークな解決が必要か	十分に展開した解決を持っているか，最良の解決がわかっているか	どのように解決を実行するか，鍵となる人・時間・場所等を考慮したか
投入時期	新奇・ユニークな解決が必要な問題	評価および補強が必要な解決	十分に展開して解決，それにはそれが起こるようにする計画が必要
行為	多くの変わったアイデアを生成し問題に関する意見表明を解決するものへと収束する	最初にほめよ法や評価マトリックスを用いてアイデアを評価/補強する	5Wを尋ねよ，ブレインストーミングの行動ステップに対する答えを用いよ，誰が何をいつやり，誰に報告するか
意見表明スターター	なし	私（私たち）がわかってやっていることは…，それはこれからどうなるか，それは今はどうか，それは本当にそうか	なし
発散	ブレインストーミング法 視覚的結合法 ブレインライティング法 SCAMPER法 強制的結合法	ブレインストーミング	ブレインストーミング 誰・何が援助者/抵抗者か 末広がり質問 行動を起こすための質問計画
収束	ハイライト法 ヒット法	最初にほめよ法 評価マトリックス法 カード分類法 ターゲット法	ヒット法を使って計画
成果	問題を解決する1つのアイデアまたは選択されたアイデアのリスト	十分に考慮され分析された解決	解決を遂行するための行動計画

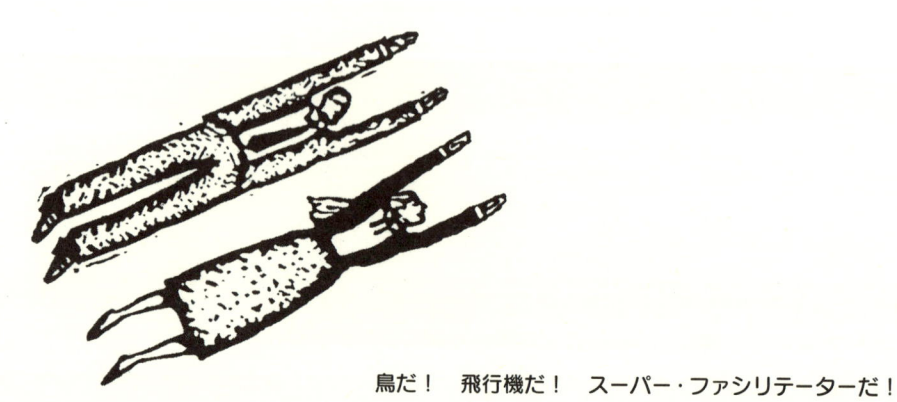

鳥だ！　飛行機だ！　スーパー・ファシリテーターだ！

付 録

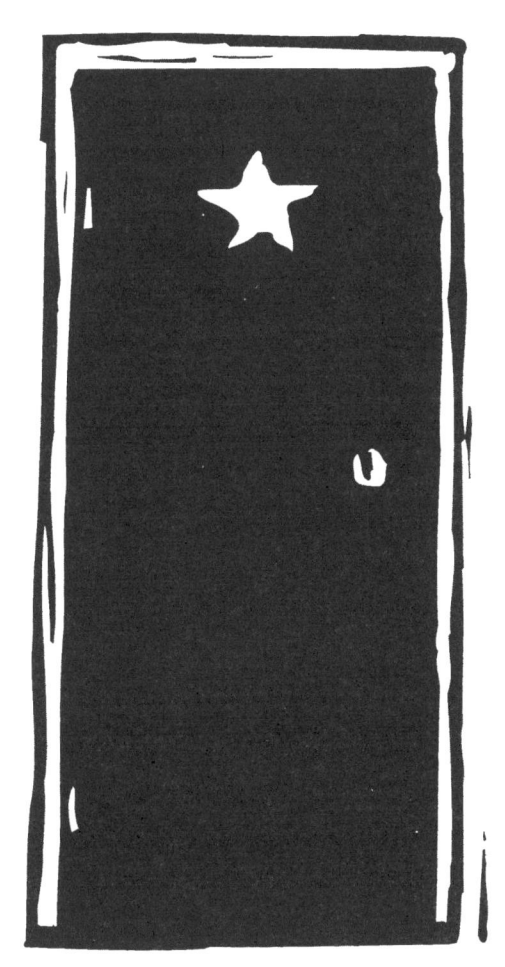

最初は…

O．CPS ファシリテーター自己評価票

下の各次元に対して自分の現在のスキルレベルと思われる項目をマークしなさい。また 1-10 のスケールを用いなさい（1は改善が必要，10は優れている）。

CPS ツールの指導と応用

____適切な CPS 用語を使用できる。
____CPS ツールを効果的に提示できる。
____CPS ツールの原理を説明できる。
____ツールの適切な使用に関して，他者への奨励ができる。
____場面転換を自然に行うことができる。
____私的な応用例を共有することで CPS を進める上での自信を示せる。
____資源集団とクライアントの相互作用を管理できる。

1	2	3	4	5	6	7	8	9	10
改善が必要				満足できる					優れている

展開のための行動：

CPS セッションと準備セッションの実施

____必要な資源を準備する（ポストイット，マーカー，ツール，ポスター，強制的な結合を促す資材，写真，議事日程，等）。
____空間の適切な使用法を計画する（テーブル，座席，作業空間，フリップチャート，図表の提示，等）。
____議案書を確定する。
____明確な優先事項とセッション目標を共有する。
____セッションを適切に配置する。
____情報の流れ（選択肢等の記録）を管理する。
____ツールを効果的に使用する。
____クライアントの要求に合った成果がでるように奨励する。
____そのセッションから次のステップを確立する。

1	2	3	4	5	6	7	8	9	10
改善が必要				満足できる					優れている

展開のための行動：

クライアントと作業する
____クライアントへインタビューをしなさい（ワークシート上に会議の記録を残す）。
____その状況や関連した内容に関するクライアントのオーナーシップをチェックする。
____セッションの間，クライアントと方向の適切性をチェックする。
____プロセスにおいてクライアントが開放的で積極的であるように奨励する。
____CPS セッションの間，クライアントの決定を支援する。

1	2	3	4	5	6	7	8	9	10
改善が必要				満足できる				優れている	

展開のための行動：

目標／願い／挑戦の確認
____集団のために，心地よさ／ウォームアップを準備する。
____根底ルールを概観する。
____フリップチャートの上に目標／願い／挑戦に関する意見表明を貼る。
____クライアントの役割を強化しかつ支援する。
____役割を明確にしさらに参加を促す。
____目標／願い／挑戦に対するクライアントのかかわりを強化する。
____目標／願い／挑戦に数字をつけかつラベル化する。
____次のステージへ適切に場面転換させる。

1	2	3	4	5	6	7	8	9	10
改善が必要				満足できる				優れている	

展開のための行動：

データ収集
____フリップチャートの上にデータのリストを貼る。
____収集データに数字やラベルをつける。
____データをどう集めるかに関する疑問をだす。
____クライアントがデータを提示する間に，資源集団は問題に関する意見表明を書く。
____クライアントと再度チェックする。
____多くの種類のデータを考慮する。
____データを適切に拡大して，意味のあるものにする。
____資源集団を巻き込む。
____前進するために必要な重要データを特定する。
____問題ステージを明確にするために，次への移行を準備する。

1	2	3	4	5	6	7	8	9	10
改善が必要				満足できる				優れている	

展開のための行動：

問題の明確化
____問題を明確化するためにページに数やラベルをつける。
____適切な意見表明スターターを用いる。
____問題に関する意見表明の要素（意見表明スターター，オーナー，行動，動詞，目標，拡大技術を適切に用いる（5Wを用いて質問をする；ワードダンス法，なぜ何があなたを制止するか法を用いる）。
____適切に探索する。
____クライアントと再度チェックする。
____資源集団の参加を奨励する。
____問題に関する意見表明文に収束させる。（ハイライト法）。
____**アイデア生成ステージ**への問題に関する意見表明文のかかわりをチェックする。
____次のステージへ適切に移行させる。

1	2	3	4	5	6	7	8	9	10
改善が必要				満足できる				優れている	

展開のための行動：

アイデアの生成
____アイデア生成ページに数やラベルをつける。
____割り当て，言い換えると，アイデアの目標数を設定する（30-40）。
____資源集団を巻き込む。
____盛り上がりを奨励する。
____適切な時に探りを入れる。
____クライアントと再度チェックをする。
____適切な拡大解釈法を用いる。
____最も見込みのあるアイデアを選択する（ハイライト法）。
____選択ならびに補強解決策を準備する。
____次のステージへ適切に場面転換させる。

1	2	3	4	5	6	7	8	9	10
改善が必要				満足できる				優れている	

展開のための行動：

解決策を選択・補強する
___解決選択増強ページに数やラベルをつける。
___適切な方略を用いる（最初にほめよ法，評価マトリックス法，カード分類法，ターゲット法）。
___アイデアの強さと弱さを決定する。
___クライアントと再度チェックする。
___資源集団を巻き込む。
___行動計画を準備する。
___次のステージへ適切に場面転換させる。

1	2	3	4	5	6	7	8	9	10
改善が必要				満足できる				優れている	

展開のための行動：

行動計画
___行動計画ページに数やラベルをつける。
___支援／抵抗資源を確認する。
___抵抗に打ち克つ。
___クライアントと再度チェックする。
___資源集団を適切に巻き込む。
___行動を決定する。
___計画を展開する（何を，誰と，いつ，終わったら誰に報告するか）。
___クライアントの計画へのかかわりをチェックする。
___セッションの適切な終了を準備する。

1	2	3	4	5	6	7	8	9	10
改善が必要				満足できる				優れている	

展開のための行動：

1．クライアントへのインタビュー・ワークシート

あなたのクライアントへのインタビューに基づいて，下記の情報を完成しなさい。
必要な場合（特にデータ）には追加ページを付け加えてください。

クライアント：＿＿＿＿＿＿＿＿＿＿＿＿＿＿＿＿＿＿＿＿＿＿＿＿＿＿＿＿＿＿
日時：＿＿＿＿＿＿＿＿＿＿＿＿＿＿＿＿＿＿＿＿＿＿＿＿＿＿＿＿＿＿＿＿＿
関心領域（最初の目標，願い，挑戦）：「もし…であれば素晴らしいのに」，「だったらなぁ」
＿＿＿＿＿＿＿＿＿＿＿＿＿＿＿＿＿＿＿＿＿＿＿＿＿＿＿＿＿＿＿＿＿＿＿＿＿

データ

その状況の簡潔な経緯は何か。
その状況に関わっているのは誰か。
意思決定者は誰か。
どのようにこの挑戦を制しているか。
部分的な解決を望んでいるのは誰か。
もし問題が解決したら，誰が利益を得るか。
これまでどんな成功があったか。
あなたを助けてきたものはどんなものか。
あなたが直面してきた障害はどんなものか。
どこで助けや障害が発見されたか。
いつその状況は起きるのか，再発するか。

いつ行動を起こしたいか。
このことはどれほどの期間懸案事項だったか。
なぜそれがあなたにとって懸案事項なのか。
なぜこのことはあなたにとってチャンスなのか。
何がこれまでに考えられ，試みられたか。
この挑戦に対するあなたの主な感情は何か。
あなたの感情は行動にどう影響しているか。
何があなたの理想的な結果と目標か。
その他に何かあるか。

最初の（諸）問題についての意見表明：「いかにして…するのか」，「どのように可能なのか」，「どのような観点で…するのか」，「あらゆる…はどうなのか」；＿＿＿＿＿＿＿＿＿＿＿＿＿＿＿
＿＿＿＿＿＿＿＿＿＿＿＿＿＿＿＿＿＿＿＿＿＿＿＿＿＿＿＿＿＿＿＿＿＿＿＿＿
次セッションの目的と望まれる結果：＿＿＿＿＿＿＿＿＿＿＿＿＿＿＿＿＿＿＿＿
＿＿＿＿＿＿＿＿＿＿＿＿＿＿＿＿＿＿＿＿＿＿＿＿＿＿＿＿＿＿＿＿＿＿＿＿＿

セッション計画
CPS ステージ：＿＿＿＿＿＿＿＿＿＿＿＿＿＿＿＿＿＿＿＿＿＿＿＿＿＿＿＿＿
意見表明（スターターを伴う）：＿＿＿＿＿＿＿＿＿＿＿＿＿＿＿＿＿＿＿＿＿
最初のツール選択：＿＿＿＿＿＿＿＿＿＿＿＿＿＿＿＿＿＿＿＿＿＿＿＿＿＿＿
セッション日：＿＿＿＿＿＿＿＿＿＿＿＿＿＿＿＿＿＿＿＿＿＿＿＿＿＿＿＿＿
時間：＿＿＿＿＿＿＿＿＿＿＿＿＿から＿＿＿＿＿＿＿＿＿＿＿まで
場所：＿＿＿＿＿＿＿＿＿＿＿＿＿＿＿＿＿＿＿＿＿＿＿＿＿＿＿＿＿＿＿＿＿
後方業務（手配が必要なもの）：＿＿＿＿＿＿＿＿＿＿＿＿＿＿＿＿＿＿＿＿＿
資源集団メンバー：＿＿＿＿＿＿＿＿＿＿＿＿＿＿＿＿＿＿＿＿＿＿＿＿＿＿＿
誰がセッションを始めるのか：＿＿＿＿＿＿＿＿＿＿＿＿＿＿＿＿＿＿＿＿＿＿
どのように始めるのか：＿＿＿＿＿＿＿＿＿＿＿＿＿＿＿＿＿＿＿＿＿＿＿＿＿
一般的注意事項：＿＿＿＿＿＿＿＿＿＿＿＿＿＿＿＿＿＿＿＿＿＿＿＿＿＿＿＿

ブレインライティング法・ワークシート

1段目			
2段目			
3段目			

アイデアボックス法・ワークシート

挑戦への意見表明

あなたの挑戦への意見表明を上の空白に書きなさい。次に，挑戦の主特性・属性を記述した列見出しをつくりなさい。そしてそれぞれの列を多様な選択肢で満たしなさい。

特性

選択肢

このアイデアボックスは「形態論的マトリックス」に基づいている。この発見，革新の詳細は『形態論的アプローチを通した研究』を読まれよ（Zwicky, Fitz, 1969, Discovery, Invention, *Research through the Morphological Approach*. The Macmillan Company）。

4. 視覚的鋭敏さを増す絵

視覚的結合を完結させる絵

　視覚的な結合は，集団の創造的な思考を拡充するための偉大なツールである。偉大なアイデアを得るためには偉大な絵が必要となる。創造的思考を引き起こすためのイメージを見つけることは，あなたが考えるよりもインチキくさい。すべての上手な絵が偉大な視覚的結合のための絵とはならない。あなたが最良のものを選ぶためのちょっとした方法がある。

　次の一般的なカテゴリーの中の絵に進もう：
　　1．人々（単独あるいは相互作用的）
　　2．動物
　　3．自然／風景
　　4．食物
　　5．機械類

避けよ：
　認知しやすい絵，論争になるような図，病気や死や性的な対象を含んだ高度に感情的な絵。

ヒント：
　混合しなさい。例えば，あなたのクライアントが機械類を含んだ挑戦に挑んでいる時には，人々，食物，風景あるいは動物のイメージを取り上げなさい。もしクライアントが新しいパスタ類でブレインストーミングしているのならば，機械類，自然等の例を示しなさい。

5．視覚的結合・ワークシート

「何に見えますか」「どんな風に感じますか」「もしあなたがここにいたとしたら，それは何に似ているでしょうか」「似たような記憶は」「これと似たような経験は」「これと似たような味，音，匂いは何かありますか」。

▶対象物1
刺激からの観察　　　　　　　　意見表明とのつながり
(a)　　　　　　　　　　　　　　(a)
(b)　　　　　　　　　　　　　　(b)
(c)　　　　　　　　　　　　　　(c)
(d)　　　　　　　　　　　　　　(d)

▶対象物2
刺激からの観察　　　　　　　　意見表明とのつながり
(a)　　　　　　　　　　　　　　(a)
(b)　　　　　　　　　　　　　　(b)
(c)　　　　　　　　　　　　　　(c)
(d)　　　　　　　　　　　　　　(d)

▶対象物3
刺激からの観察　　　　　　　　意見表明とのつながり
(a)　　　　　　　　　　　　　　(a)
(b)　　　　　　　　　　　　　　(b)
(c)　　　　　　　　　　　　　　(c)
(d)　　　　　　　　　　　　　　(d)

挑戦への意見表明

視覚的結合法はゴードン（W. Gordon）のシネクティクス と ゲシュカ（Horst Geschka）の『Method and Organization of Idea Finding in Industry』に由来する。

6. 評価マトリックス法・ワークシート

評価尺度：優れている　普通　劣っている
　　　　　A　B　C　D　E

選択肢　／重要度／

7. 最初にほめよ法・ワークシート

　あなたがアイデアを生みだし，それらを有望な選択肢にせばめることができると，実行可能な解決へ向けて，それらを強めたり，改善したり，加工できるチャンスが訪れます。最も有望な選択肢を，「私自身（われわれ）がわかってやろうとしていることは何か」という意見表明スターターで始めて，行動的に意見表明しなさい。この意見表明は明確で，測定可能な結果を含んでいる必要がある。その測度はメートル法やドル貨のように，厳密に計測可能なものである。あるいは解決を成し遂げたときに単純に検証が可能なものが望ましい。下に，行動的な意見表明を書きなさい。

行動的な意見表明
私自身（われわれ）がわかってやろうとしていることは：

次の3ページを完成させるまで，下の表を埋めてはいけない。

するために：	これをやる：
するために：	これをやる：
するために：	これをやる：
するために：	これをやる：
するために：	これをやる：

最初にほめよ法

さて,あなたの行動的意見表明に関して「最初にほめよ法」あるいは PPCO を開始しなさい。PPCO はプラス (Pluses), 可能性 (Potentials), 心配な点 (Concerns) とそれらの心配な点の解決 (Overcoming those concerns) を表したものであることを思い起こそう。アイデアに関して何が優れているかを明瞭にすることが大切だ。それから心配な点を克服しなさい。

下にあなたのアイデアについて, 少なくとも3つの**プラス**, あるいは特別に強い面をあげなさい。

①

②

③

さて, あなたのアイデアが引き起こす**可能性**, 推測, 副産物, あるいは将来的な利得を, 少なくとも3つ述べなさい。将来においてこのアイデアが現実になったとき何が可能となるか。意見表明スターター「……が予想される」を用いて, 可能性をリストにあげなさい。

①　　　　　　　　　　　が予想される。

②　　　　　　　　　　　が予想される。

③　　　　　　　　　　　が予想される。

最後に,アイデアに関してあなたが持っている**心配な点**をリストにあげなさい。あなたが各々を克服して前進できるように, 末広がりの疑問として述べなさい。

①いかにして……するか:

②いかにして……するか:

③いかにして……するか:

あなたの心配な点を思い起こそう。どれが最も大切かを決定しなさい。最も重要な心配な点を下のリストに書き，その関心事を克服する少なくとも 15 種類の方法を生み出しなさい。その心配な点を克服する最も良い方法が見つかったら，次に重要な心配な点を選び，これを克服する方法を考えなさい。新たな心配な点がなくなるまでこれを続けなさい。ブレインストーミング法の根底ルールは，あなたの心配な点を克服する方法を見つけるのを助けてくれるということを思い起こそう。

心配な点 ＃1）「いかに……か」
　心配な点を克服するアイデア＃1：

①　　　　　　　　　　　　　⑨
②　　　　　　　　　　　　　⑩
③　　　　　　　　　　　　　⑪
④　　　　　　　　　　　　　⑫
⑤　　　　　　　　　　　　　⑬
⑥　　　　　　　　　　　　　⑭
⑦　　　　　　　　　　　　　⑮
⑧

心配な点 ＃2）「いかに……か」
　心配な点を克服するアイデア＃2：

① 　　　　　　　　　　　　　⑨
② 　　　　　　　　　　　　　⑩
③ 　　　　　　　　　　　　　⑪
④ 　　　　　　　　　　　　　⑫
⑤ 　　　　　　　　　　　　　⑬
⑥ 　　　　　　　　　　　　　⑭
⑦ 　　　　　　　　　　　　　⑮
⑧

心配な点 ＃3）「いかに……か」
　心配な点を克服するアイデア＃3：

① 　　　　　　　　　　　　　⑨
② 　　　　　　　　　　　　　⑩
③ 　　　　　　　　　　　　　⑪
④ 　　　　　　　　　　　　　⑫
⑤ 　　　　　　　　　　　　　⑬
⑥ 　　　　　　　　　　　　　⑭
⑦ 　　　　　　　　　　　　　⑮
⑧

心配な点　#4)「いかに……か」
　　心配な点を克服するアイデア#4：

① 　　　　　　　　　　　　⑨
② 　　　　　　　　　　　　⑩
③ 　　　　　　　　　　　　⑪
④ 　　　　　　　　　　　　⑫
⑤ 　　　　　　　　　　　　⑬
⑥ 　　　　　　　　　　　　⑭
⑦ 　　　　　　　　　　　　⑮
⑧

心配な点　#5)「いかに……か」
　　心配な点を克服するアイデア#5：

① 　　　　　　　　　　　　⑨
② 　　　　　　　　　　　　⑩
③ 　　　　　　　　　　　　⑪
④ 　　　　　　　　　　　　⑫
⑤ 　　　　　　　　　　　　⑬
⑥ 　　　　　　　　　　　　⑭
⑦ 　　　　　　　　　　　　⑮
⑧

それぞれの心配な点を克服するベストアイデアにチェックマークを入れなさい。
それから，本書48ページに戻りなさい。あなたのベストアイデアを含んで，意見表明スターター「何々するために……」を使って，心配な点に関する1つの意見表明文をつくりなさい。

たとえば，基金に関する心配な点の場合：
「私はいかにして基金を得るか」で，スタートしなさい。

ブレインストーミングの後で，ページ1に以下の文を書き込みなさい：
「基金を得るために，部門の副責任者に懇願して，次の18カ月にわたるコスト削減を達成する」

PPCOはMultiple Resource Associatesによって開発された，創造性ツールである。

8. 行動に対する準備・ワークシート

行動計画（パートⅡ）

　さて，パートⅠのワークシートに載せられた新たなかつ改善された行動に対する意見表明を見て，あなたの解決をさらに前進させるために洗練しなさい。

行動計画に対する疑問項目

　下の項目は，あなたが解決を実現したり，行動に対して準備するのを手助けするようにデザインされた多くの質問項目である。少し時間をとって，各問に答えてみて下さい。

・私のアイデアを受容するために，私に何ができるか。

・私のアイデアに熱狂するために，私に何ができるか。

・私のアイデアの効率性を保障するために，どうすればいいか。

・私のアイデアを実行するために，助けになる付加的な資源（個人，集団，資材，資金）は何か。

・私のアイデアをどのようにしてプリテストできるか。

・私が使用できる特別な時間（日，週，月，年）はいつか。

・私が使用できる特別な場所はどこか。

　フリップチャート，ホワイトボード，ポストイット，あるいは小メモ用紙を用いて，あなたの行動に対する意見表明が実現するように，全ての可能なステップをブレインストーミングしなさい（上に掲げた行動計画に対する疑問項目へのあなたの反応も含めなさい）。その後に収束させる：あなたが目標に到達するのを手助けするすべての行動ステップを選択し，次頁の行動計画図の中にそれを書き入れなさい。

ヒント：第1歩を踏み出すために，次の24時間であなたが完遂できるものを何か確保しなさい。創造プロセスの中では，弾みがとても大切である。

9. 行動計画・ワークシート

	行動	誰が	いつ	誰に完了を報告するか

短期

中期

長期

ファシリテーター談話

PPCO は Multiple Resource Associates によって開発された創造性ツールである。CPS のこの版は，Miller & Vehar (1994)，Firestien (1995) によって開発された。Osborn (1953)，Parnes, Noller & Biondi (1997)，Firestien (1989)，Isakson, Dorval & Treffinger (1994) を修正している。

10. ターゲット法・ワークシート

金的:
　下のスペースに，あなたの理想的状態を意見表明しなさい：あなたの人生を理想的状態に導いてくれる絵，語，視覚物を用いなさい。

「今あなたはどこにいるか」
　あなたの理想状態に関連させて的の上に，ダート（選択肢：私がしようと考えていることは……）を配置しなさい。

「なぜあなたは中心を外すか」
　中心に向かってアイデアを引きつける力（たとえばそれが良い）と押し離す力（それは正確にいうと的上にないという理由等）について説明しなさい。

引きつける力　　　　　押し離す力

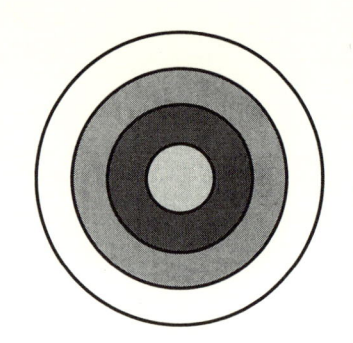

「あなたが金的にたどり着くのを助けるものは何か」
　中心への圧力を「いかにして……」意見表明文とブレインストーミング用アイデアに変えなさい。

いかにして　　　　　　　　　　アイデア
いかにして　　　　　　　　　　アイデア
いかにして　　　　　　　　　　アイデア

「準備完了，設定完了，出発だ」
　押し離す力を引きつける力に変えるのを助けるアイデアを取り上げ，意見表明スターター「今私がわかってやろうとしていることは……」を使った新しい行動に関する意見表明を完成しなさい。

用語
金的：あなたの理想／将来状態
ダート：あなたが考えているベストの選択肢
引きつける力：金的に向かって選択肢を引きつける正の力
押し離す力：金的から選択肢を押し離す力

11. アイデアをつかめ

友人，ロマン，資源集団メンバー，‥‥‥‥

　諸アイデアが生成されハイライトが当てられたところで，あなたを「とらえて離さないもの」を取り上げなさい。それは，あなた以外の人がすでにハイライトを当てた外にあるアイデア，すなわち注意から漏れた迷子のアイデアである。そのアイデアを洗練するために下の全ページを用いなさい。

12. 所産構想ワークシート

以下を想像せよ

誰に向けた所産であるか
　そのために何が必要か。

所産はどのようなものか
　所産の主特質を記述しなさい。外見，形，大きさ，部分，香り，織り方，成分，パッケージのような形や機能について考えなさい。

この所産がユーザーに提供するものは何か
　ユーザーに対しての感覚的，機能的，物理的ならびに情緒的な利点を考えなさい。

あなたの所産は何に似ているか
　それをスケッチし，そのページの後ろにそれの特徴を描きなさい。

参考図書

主要資料

CPSファシリテーションについてさらに学習するために以下の資料を推奨する。

Books

Firestien, R.L. (1998). *Why didn't I think of that? A personal and professional guide to better ideas and decision making.* Williamsville, NY: Innovation Resources, Inc.

Firestien, R.L. (1996). *Leading on the Creative Edge: Gaining competitive advantage through the power of Creative Problem Solving.* Colorado Springs, CO: Piñon Press.

Gallway, W. (1974). *The inner game of tennis.* New York, NY: Random House, Inc.

Isaksen, S.G., Dorval, K.B., & Treffinger, D.J. (1994). *Creative approaches to problem solving.* Dubuque, IA: Kendall/Hunt.

Luckner, J., & Nadler, R. (1992). *Processing the Adventure Experience.* Dubuque, IA: Kendall/Hunt.

May, R. (1976). *The Courage to Create.* New York, NY: Bantam Books.

Osborn, A.F. (1993). *Applied Imagination.* Buffalo, NY: Creative Education Foundation.

Parnes, S.J. (1997). *Optimize the Magic of Your Mind.* Buffalo, NY: Creative Education Foundation in association with Bearly Limited.

Parnes, S.J. (1985). *A facilitating style of leadership.* Buffalo, NY: Creative Education Foundation.

Parnes, S.J. (1998). *Visionizing.* Buffalo, NY: Creative Education Foundation.

Ray, M. and Myers, R. (1986). *Creativity in Business.* Garden City, NY: Doubleday.

Rohnke, K. (1984). *Silver Bullets.* Dubuque, IA: Kendall/Hunt.Shekerjian, D. (1990). *Uncommon Genius.* New York, NY: Viking Penguin.

VanGundy, A.B. (1992). *Idea Power: Techniques and Resources to Unleash the Creativity in Your Organization.* New York, NY: AMACOM.

参考資料

Websites/Newsletters
www.blairmiller.com
www.buffalo-bcpi.com
www.RogerFirestien.com
www.innovativebrains.com
www.buffalostate.edu/centers/creativity

Roger Firestien, Ph.D. newsletter, *Roger!* Williamsville, NY: Innovation Resources, Inc.

Audiotapes
Firestien, R.L. (1987, 1989, 1996). *Power Think: Achieving Your Goals Through Mental Rehearsal*. Williamsville, NY: Innovation Resources, Inc.

Firestien, R.L. (1993). *Breakthrough: Getting Better Ideas*. Williamsville, NY: Innovation Resources, Inc.

Firestien, R.L. (1988). *From Basics to Breakthroughs: A guide to better thinking and decision making*. Williamsville, NY: Innovation Resources, Inc.

Videotapes
Firestien, R.L. (1998). *Roger Firestien Speaks! Leading On The Creative Edge: Spotlight Presentation at the 43rd Annual Creative Problem Solving Institute Conference*. Chicago, IL: Zepcom and the Creative Education Foundation

Firestien, R.L., Vehar, J.R., Chamberlain, S. (1998). *Applying Creativity Video Series* (12 videos). Buffalo, NY: Innovation Resources, Inc. and the Creative Education Foundation.

Firestien, R.L. (1994). *Unleashing the Power of Creativity: The key to teamwork, empowerment, and continuous improvement*. Buffalo, NY: Kinetic Films, Inc.

Sources
Roger Firestien's materials are available through Innovation Resources, Inc., P.O. Box 615 Williamsville, NY 14231,
Tel: (716) 631-3564
Fax: (716) 631-2610.

The Buffalo Creative Process Inventory (BCPI) is available for purchase on the web at
www.buffalo-bcpi.com

引用文献

Amabile, Teresa, et. al. (1995) *KEYS: User's Guide.* Greensboro, NC.: Center for Creative Leadership.

Avarello, L.L., Coleman, S.E., Miller, B.J., Puccio, G.J., & Vehar, J.R. (1994). *CPS in action.* Chicago: Blair J. Miller.

Battelle-Institut. (1972) *Methoden und organization der ideenfindung in der industrie (Methods and organization of idea finding in industry).* Frankfurt, Germany: Battelle.

Butler, R.J. (1981). Innovation in organizations: Appropriateness of perspectives from small group studies for strategy formulation. *Human Resources, 34(9),* 763-788.

Creative Thinking and Creative Problem Solving. (1994). Buffalo, NY: Creative Education Foundation.

Eberle, R. F. (1971) *Scamper: Games for imagination development.* Buffalo, NY: DOK.

Ekvall, G. (1983). *Climate, structure and innovativeness of organizations: A theoretical framework and an experiment.* Stockholm, Sweden: The Swedish Council for Management and Organizational Behaviour.

Firestien, R.L and Vehar, J.R. (1997). *Insights into innovation.* Buffalo, NY: Roger L. Firestien, Ph.D.

Firestien, R.L. (1996). *Leading on the creative edge.* Colorado Springs, CO: Pinon Press.

Firestien, R.L. (1988). *From basics to breakthroughs: A guide to better thinking and decision-making.* Williamsville, NY: Innovation Resources, Inc.

Firestien, R. L. (1983). Ownership and converging: Essential ingredients of Creative Problem Solving. *Journal of Creative Behavior, 17(1),* 32-38.

Firestien, R.L., & Treffinger, D.J. (1989, November/December). Update: Guidelines for effective facilitation of creative problem solving (part 2). *Gifted Child Today,* 40-44.

Firestien, R.L., & Treffinger, D.J. (1989, September/October). Update: Guidelines for effective facilitation of creative problem solving (part 3). *Gifted Child Today,* 44-47.

Gardner, J.W. (1990). *On leadership.* New York: Free Press.

Geschka, H. (1979). *Methods and organization of idea generation.* Creativity Week Two, 1979 Proceedings. Greensboro, N.C: Center for Creative Leadership.

Gordon, W. (1961). *Synectics.* New York: Harper & Row.

Hayakawa, S.I. (1978). *Language in thought and action,* fourth edition. New York: Harcourt Brace Jovanovich.

Heider, J. (1985). *The tao of leadership: Lao Tzu's tao te ching adapted for a new age.* Atlanta, GA: Humanics New Age.

Isaksen, S.G. (1983). Toward a model for the facilitation of creative problem solving. *Journal of Creative Behavior, 17(1),* 18-31.

Isaksen, S. G., Dorval, K. B., & Treffinger, D. J. (1994). *Creative approaches to problem solving.* Dubuque, IA.: Kendall/Hunt Publishing Company.

Isaksen, S.G. & Treffinger, D.J. (1985). *Creative Problem Solving: The basic course.* Buffalo, NY: Bearly Limited.

Korzybski, A. (1933). *Science and sanity, an introduction to non-Aristotelin systems and general semantics.* (publisher unknown).

引用文献

Michalko, M. (1991). *Thinkertoys*. Berkeley, CA: Ten Speed.

Miller, B.J. (1992). *The use of outdoor-based training initiatives to enhance the understanding of creative problem solving*, Buffalo, NY: Center for Studies in Creativity.

Osborn, A. F. (1953). *Applied imagination: Principles and procedures of Creative Problem Solving*. New York: Scribner's.

Osborn, A. F. (1993). *Applied imagination: Principles and procedures of Creative Problem Solving* (3rd ed.). Buffalo, NY: The Creative Education Foundation Press.

Parnes, S.J. (1988). *Visionizing*. Buffalo, NY: Creative Education Foundation.

Parnes, S.J. (1985). *A facilitating style of leadership*. Buffalo, NY: Bearly Limited.

Parnes, S.J. (1981). *The magic of your mind*. Buffalo, NY: The Creative Education Foundation.

Parnes, S.J. (1967). *Creative behavior guidebook*. New York: Charles Scribner's Sons.

Parnes, S.J. (1967). *Creative behavior workbook*. New York: Charles Scribner's Sons.

Parnes, S.J. *Creative leadership*. Unpublished manuscript.

Rhodes, M. (1961). An analysis of creativity. *Phi Delta Kappa, 42*, 305-310.

Rowe, Mary Budd. (Spring 1987). Wait time: Slowing down may be a way of speeding up. *American Educator 11*: 38-43, 47.

Shaw, M.E. (1976). *The personal environment of groups. Group dynamics: The psychology of small group behavior* (2nd ed.) New York: McGraw-Hill.

Treffinger, D.J., & Firestien, R.L. (1989 July/August). Guidelines for effective facilitation of creative problem solving (part 1). *Gifted Child Today*, 35-39.

Treffinger, D.J. & Firestien, R.L. (1983). Ownership and converging: Essential ingredients of Creative Problem Solving. *Journal of Creative Behavior, 17(1)*, 32-38.

Treffinger, D.J., Isaksen, S.G. & Firestien, R.L. (1983). Theoretical perspectives on creative learning and its facilitation: An overview. *Journal of Creative Behavior, 17(1)*, 9-17.

Treffinger, D.J., Isaksen, S.G. & Firestien, R.L. (1982). *Handbook for creative learning (vol. 1)*. Williamsville, NY: Center for Creative Learning.

Tuckman, B.W. (1965). Developmental sequence in small groups. *Psychological Bulletin, 63(6)*, 384-399.

Vehar, J.R., Shephard, W.J., Brese, C.A. (1995). *The art of CPS facilitation*. Buffalo, NY: Creative Education Foundation.

Vehar, J.R, Lunken, H.P., Brese, C.A., & Shephard, W.J. (1995). *The art of facilitation*. Buffalo, NY: Creative Education Foundation.

Vehar, J.R. (1994). *CPS toolbook for group facilitators*. (Unpublished manuscript available from Jonathan Vehar, New & Improved, P.O. Box 7043, Santa Monica, California 90406.)

原著者紹介

ブレア・ミラー（Blair Miller）

　問題解決，ファシリテーション，チームづくり，および創造性の世界における力動的なリーダーであるブレアは，シカゴに本拠を置くトレーニング・コンサルティング会社「ブレア・ミラー社」の社長である。「平易な言葉で書かれたCPS：Creative Problem Solving」という影響力のある仕事，および経験をベースにしたトレーニングは，世界の人々が「創造過程」に近づくのを容易にした。アイデアを改善するための「ターゲット法・テクニック」の共同開発者として，ブレアは視点設定，方略的な計画と所産開発に関する論点の論究的なファシリテーターである。

　チームとの協働作業を易々とこなす先天的な力は，以前に従事した学校教師並びに派遣講師としてのキャリアによって彩りを添えてきた。彼の正式なトレーニング，並びに創造性および革新に関する科学修士は，問題解決とチームづくりの結合した目標に関して協働作業する際の価値ある資源となっている。彼のクライアントには，Kraft, Monsanto, Kodak, DuPont, Xerox, American Express, The Corporate Alliance to End Partner violence, Allstate and Deloitte & Touche, が含まれる。

　ブレアは本書（Creativity Unbound）も入れて，An Introduction to Creative Process; Facilitation : A Door to Creative Leadership and The Opportunity Easel, 等の幾冊かの本の共著者である。イリノイ州のエバンストン（Evanston）にあるNorthwestern大学Kelloggマネジメント大学院のゲスト講師であり，さらに創造的問題解決学会の発表者を務めたこともある。さらに，Niagara Institute（オンタリオ州ナイアガラ湖畔にある創造的リーダーシップセンターの付設機関）の経営者に対して，ていねいなフィードバックを与える顧問コーチとしても仕えている。

ジョナサン・ヴィハー（Jonathan Vehar）

　ジョナサン・ヴィハーは，個人的な創造性並びにチームの革新を開発する組織「New & Improved」のシニア・パートナーである。素早いウイット，創造的思考領域において創造性を最大に発揮する強力プログラムの作製，新しい製品の構想，方略的計画，集団会議のファシリテーション，等々に対する奥深い洞察とコミットメントを賞賛して，「Investor's Business Daily」紙は彼のことを「革新性の指導者：Innovation Guru」とよんでいる。

　彼の有益なトレーニングとファシリテーションの恩恵に与っている組織には以下のものがある。Compaq; DaimlerChrysler; Ford; Kraft; Nestle; News America; Pfizer; the US Environmental Protection Agency and the US Navy. 彼は「平易な言葉で書かれたCPS」モデルの共著者であり，CPSについての多数の文献，ビデオテープ，トレーニング・マニュアルの著者でもある。最近の共著には，More Lighting, Less Thunder: How to Energize Innovation Teams. がある。

　ジョナサンは，Leo Burnet and Lintas USA および他の機関の宣伝・市場部門で働いた経験を持ち，さらに創造教育財団（Creative Education Foundation）のトレーニング・コンサルティングディレクターであった。彼はまた，創造的問題解決学会（Creative Problem Solving Institute）で常に発表者を務め，Innovation Network Convergenceの常勤インストラクターである。さらに，Inno-vation大学のインストラクターでもある。以前はRochester（NY）Institute of Technologyのクリティカル/クリィエイティブ思考コースの兼任教授であった。彼の教育的なバックグランドには，ニューヨーク州立大学バッファローカレッジ校の「創造性・革新」コースの修士号が含まれている。

ロジャー・ファイアスティン（Roger Firestien, Ph.D.）

　ロジャー・ファイアスティン博士は，Innovation Resources, Inc. の社長であり，ニューヨーク州立大学バッファローカレッジ校の国際創造性研究センターの准教授でもある。70以上の論文，本およびビデオプログラムの一般および専門的な業績を持っている。1，2をあげると，From Basics to Breakthrough, Power Think, および創造性をテーマにした物語，Why Didn't I Think of That? がある。彼はまた，Unleashing the Power of Creativity and Brilliant, Simply Brilliant! というビデオ

プログラムのホストである。世界的に認められた創造性ニュースレター「Creativity That Gets Results」の編集者でもある。最近の著書 Leading on the Creative Edge は全国の書店に並んでいる。

創造性と革新に関するロジャーの専門的な見解は，*Entrepreneur, Training, Success, Successful Meeting, and Self* 誌に載っている。これまでに以下のクライアントに講演およびセミナーを行っている：

「Clorox, Times-Mirror, The Los Angels Times, UBS-PaineWebber, S.C. Johnson, G.E. Capital, Motorola, Deloitte & Touche, General Mills, NASA, NOAA, the Federal Executive Institute, United States Department of Treasury, AT&T, MDS Nordion, Young President's Organization, Disney Institute, Mazda, TRW, the Bank Administration Institute and American Hospital Association」

ロジャーは科学修士号をニューヨーク州立大学バッファローカレッジ校創造性研究修士課程で取得し，哲学博士号をニューヨーク州立大学バッファロー校のコミュニケーションコースで取得している。

訳者紹介

弓野憲一（ゆみの　けんいち）［監訳，原著版の序，コースについて，コース目標，Ⅴ章，付録担当］
　1945 年　福岡県に生まれる
　1977 年　九州大学大学院教育学研究科博士課程単位取得満了
　現　在　静岡大学教育学部教授［教育学博士］
　主著・論文　記憶の構造と検索過程　風間書房　1991 年
　　　　　　　総合的学習の学力　明治図書　2001 年
　　　　　　　発達・学習の心理学（編著）　ナカニシヤ出版　2002 年
　　　　　　　世界の創造性教育（編著）　ナカニシヤ出版　2005 年
　　　　　　　総合的学習　教育心理学年報　第 42 集，192-201．2003 年

西浦和樹（にしうら　かずき）［Ⅲ，Ⅳ章担当］
　1971 年　京都府に生まれる
　2000 年　広島大学大学院教育学研究科博士課程修了
　現　在　宮城学院女子大学学芸学部准教授［博士（心理学）］
　主著・論文　高速継時呈示事態における注意資源の消費とモニタリングに関する研究　心理学研究，69，178-187．1998 年
　　　　　　　パースペクティブ学習心理学（共著）　北大路書房　1999 年
　　　　　　　No matter never mind（共著）　John Benjamins Publishing Company　2002 年
　　　　　　　子どもと保育の心理学：発達臨床と保育実践（共著）　保育出版社　2003 年
　　　　　　　保育者養成における社会的スキルおよび自己教育力の育成に関する教育心理学的研究　発達科学研究所紀要，5，71-81．2005 年

佐藤　健（さとう　たけし）［Ⅰ，Ⅱ章担当］
　1971 年　大阪府に生まれる
　2004 年　慶應義塾大学大学院政策・メディア研究科博士課程単位取得退学
　現　在　静岡大学大学教育センター専任講師［修士（政策・メディア）・MA（Education）］
　主著・論文　ネイティブの発想で覚える　英文法マラソン（共著）　アルク　2001 年
　　　　　　　ロングマン完全パック TOEIC テスト上級編（共著）　ピアソンエデュケーション　2001 年
　　　　　　　The Effectiveness of the Combination of Verbal Explanation with Imagery as Electronic Glosses from the Perspective of Second Vocabulary Acquisition; In the case of Spatial Polysemous Words．メディア教育研究，11，9-25．2003 年
　　　　　　　英語多義語学習におけるイメージスキーマの重要性と，ニューメディアを用いたその表示の意義について　情報メディア研究，2（1），57-62．2004 年
　　　　　　　コミュニケーション活動としてのライティング授業における Web OCM 利用の意義について　e-Learning 教育研究，1，24-35．2006 年